한뼘 논어

한뼘 논어

초판 1쇄 발행 2024년 9월 9일

엮은이 편집부 / **펴낸곳** 아이디어스토리지 / **펴낸이** 배충현
출판등록 2016년 10월 14일(제 2016-000203호)
전화 (031)970-9102 / 팩스 (031)970-9103
이메일 ideastorage@naver.com

ISBN 979-11-974309-7-8 (13190)

※ 이 책은 『언어의 지혜』(배기홍 著, 갈라북스 刊)의 핵심 요약판입니다. / 이 책의 내용에 대한 무단 전재 및 복제를 금합니다. / 값은 뒤표지에 있습니다.

한뼘
논어

· 머 리 말 ·

위대한 동양고전
『논어』 읽기의 마중물…

『논어』는 공자가 그의 제자들과 나눈 대화 등을 기록한 경전이다. 공자가 세상을 떠난 후 그의 제자들이 스승의 어록과 말씀 등을 기록하고 편집해 책으로 펴낸 것으로 총 20편의 600여 문장으로 전해진다.

논어는 가장 대표적이면서 위대한 동양고전이자 수천 년이 지난 현재에도 인간 삶의 여러 상황에서 가르침이 되고 있다.

2500여년전 중국 노나라에서 태어난 공자는 성공보다 실패, 행복보다 고난의 삶을 살았던 것으로 알려져 있다.

불행한 환경과 여건 속에서 73세의 생을 마감할 때까지 공자는 실패를 거듭하면서도 다시 일어나는 과정을 통해 자기성취를 이룬 인물이다. 이같은 역경을 거듭하면서도 성취를 위해 포기하지 않고 도전했던 그의 삶이 수천 년 후대의 사람들에게도 교훈과 공감이 되는 것이 바로 논어가 동양 대표 고전으로 추앙받는 이유일 것 있다.

이 책은 '공자'와 '논어'를 키워드로 하고 있다. 특히 공자의 언어가 담긴 논어 속 지혜의 명구 108개를 엄선해 우리 일상에 실질적인 도움이 될 수 있는 내용의 담았다. 선별된 각 구절을 한두 장으로 축약해 핵심 내용을 쉽게 이해할 수 있도록 구성했다.

물론 수천 년 지혜가 담긴 고전 명구절의 의미를 한 뼘 정도 작은 지면으로 전달한다는 것은 무리가 있을 수도 있다.

하지만 이 책의 짧지만 핵심을 담은 내용을 통해 현재 세대들이 논어를 만나는 계기가 되고, 나아가 일상의 여러 난제 앞에서 위로와 희망을 얻는 단초가 될 수 있다면 책의 편집자로써 더 없는 기쁨이 될 듯하다.

이 책이 여러 독자들에게 또 다른 『논어』 책을 찾아보는 마중물이 될 수 있길 바란다.

_ 편집자 주

• 차례 •

1장 _ 행복한 삶을 위한 안내의 말

1 學而時習之 不亦說乎 학이시습지 불역열호 · 16
2 巧言令色 鮮矣仁 교언영색 선의인 · 18
3 學則不固 학즉불고 · 20
4 禮之用 和爲貴 예지용 화위귀 · 22
5 貧而無諂 富而無驕 빈이무첨 부이무교 · 24
6 溫良恭 儉讓 온량공 검양 · 26
7 君子務本 本立而道生 군자무본 본립이도생 · 28
8 人不知而不慍 不亦君子乎 인불지이불온 불역군자호 · 30
9 不患人之不己知 患不知人也 불환인지불기지 환부지인야 · 32
10 事父母能竭其力 與朋友交言而有信 · 34
    사부모능갈기력 여붕우교언이유신
11 君子不器 군자불기 · 36
12 君子周而不比 小人比而不周 군자주이불비 소인비이부주 · 38
13 知之爲知之 不知爲不知 是知也 · 40
    지지위지지 부지위부지 시지야
14 溫故而知新 可以爲師矣 온고이지신 가이위사의 · 42
15 思無邪 사무사 · 44
16 民免而無恥 민면이무치 · 46
17 吾十有五而志于學 오십유오이지우학 · 48
18 學而不思則罔 思而不學則殆 학이불사즉망 사이불학즉태 · 50
19 人而無信 不知其可 인이무신 부지기가야 · 52

20 父母唯其疾之憂 부모유기질지우 · 54
21 今之孝者 是謂能養 至於犬馬 皆能有養 不敬 何以別乎 · 56
   금지효자 시위능양 지어견마 개능유양 불경 하이별호
22 見義不爲 無勇也 견의불위 무용야 · 58
23 旣往 不咎 기왕 불구 · 60
24 獲罪於天 無所禱也 획죄어천 무소도야 · 62
25 成事不說 遂事不諫 旣往不咎 성사불설 수사불간 기왕불구 · 64
26 射不主皮 爲力不同科 古之道也 · 66
   사불주피 위력부동과 고지도야
27 樂而不淫 哀而不傷 락이불음 애이불상 · 68

2장 _ 인생의 굽이에서 힘을 주는 말

28 德不孤 必有隣 덕불고 필유린 · 72
29 君子喩於義 小人喩於利 군자유어의 소인유어리 · 74
30 朝聞道 夕死可矣 조문도 석사가의 · 76
31 不以其道 得之 불이기도 득지 · 78
32 惟仁者 能好人 能惡人 유인자 능호인 능오인 · 80
33 見不賢而内自省也 견불현이내자성야 · 82
34 不患無位 患所以立 불환무위 환소이립 · 84
35 放於利而行 多怨 방어리이행 다원 · 86
36 父母在 不遠遊 遊必有方 부모재 불원유 유필유방 · 88
37 以約失之者 鮮矣 이약실지자 선의 · 90
38 古者言之不出 恥躬之不逮也 고자언지불출 치궁지불체야 · 92
39 敏而好學 不恥下問 민이호학 불치하문 · 94

40 老者安之 朋友信之 少者懷之 노자안지 붕우신지 소자회지 ·96

41 智者樂水 仁者樂山 지자요수 인자요산 ·98

42 知之者不如好之者 好之者不如樂之者 ·100
　　지지자불여호지자 호지자불여락지자

43 不遷怒 不貳過 불천노 불이과 ·102

44 力不足者 中道而廢 역부족자 중도이폐 ·104

45 文質彬彬 문질빈빈 ·106

46 人之生也直 罔之生也 幸而免 인지생야직 망지생야 행이면 ·108

47 不憤 不啓 불분 불계 ·110

48 發憤 忘食 발분 망식 ·112

49 不知老之將至 부지로지장지 ·114

50 難乎有恒矣 난호유항의 ·116

51 不語怪力亂神 불어괴력난신 ·118

52 興於詩 立於禮 成於樂 흥어시 입어례 성어락 ·120

53 任重而 道遠 임중이 도원 ·122

54 邦無道富且貴焉恥也 방무도부차귀언치야 ·124

3장 _ 난제에 대한 답을 찾는 말

55 歲寒然後 知松柏之後凋 세한연후 지송백지후조 ·128

56 子絶四, 毋意, 毋必, 毋固, 毋我 자절사 무의 무필 무고 무아 ·130

57 過猶不及 과유불급 ·132

58 未能事人 焉能事鬼 未知生 焉知死 ·134
　　미능사인 언능사귀 미지생 언지사

59 克己復禮爲仁 극기복례위인 ·136

60	君君臣臣父父子子 군군신신부부자자	•138
61	問仁 愛人 問知 知人 문인 애인 문지 지인	•140
62	草上之風 초상지풍	•142
63	在邦無怨 在家無怨 재방무원 재가무원	•144
64	君子成人之美 不成人之惡 군자성인지미 불성인지악	•146
65	忠告不可 則止 충고불가 즉지	•148
66	內省不疚 夫何憂何懼 내성불구 부하우하구	•150
67	言必信 行必果 언필신 행필과	•152
68	君子和而不同 小人同而不和 군자화이부동 소인동이불화	•154
69	其身正不令而行 其身不正 雖令不從 •156 기신정불령이행 기신부정 수령부종	
70	欲速則不達 見小利則大事不成 •158 욕속즉부달 견소리즉대사불성	
71	先之勞之 無倦 선지로지 무권	•160
72	剛毅木訥 近仁 강의목눌 근인	•162
73	君子泰而不驕 小人驕而不泰 군자태이불교 소인교이불태	•164
74	見利思義 견리사의	•166
75	不在其位 不謀其政 부재기위 불모기정	•168
76	不怨天 不尤人 下學而上達 知我者 其天乎 •170 불원천 불우인 하학이상달 지아자 기천호	
77	老而不死 是爲賊 노이불사 시위적	•172
78	脩己以敬 脩己以安人 수기이경 수기이안인	•174
79	以直報怨 이직보원	•176
80	恥其言而過其行 치기언이과기행	•178
81	仁者不憂 知者不惑 勇者不懼 인자불우 기자불혹 용자불구	•180

4장 _ 치유와 희망에 대한 위로의 말

82 古之學者爲己 今之學者爲人 고지학자위기 금지학자위인 · 184

83 何以報德 以直報怨 以德報德 하이보덕 이직보원 이덕보덕 · 186

84 己所不欲 勿施於人 기소불욕 물시어인 · 188

85 過而不改 是謂過矣 과이불개 시위과의 · 190

86 人無遠慮 必有近憂 인무원려 필유근우 · 192

87 言忠信 行篤敬 언충신 행독경 · 194

88 小不忍 則亂大謀 소불인 즉난대모 · 196

89 不曰如之何如之何者 吾末如之何也已矣 · 198
불왈여지하여지하자 오말여지하야이의

90 躬自厚而薄責於人 則遠怨矣 궁자후이박책어인 즉원원의 · 200

91 殺身成仁 살신성인 · 202

92 益者三友 損者三友 友直 友諒 友多聞 益矣 友便辟
友善柔 友便佞 損矣 · 204
익자삼우 손자삼우 우직 우량 우다문 익의 우편벽 우선유 우편녕 손의

93 君子有三戒 戒之在色 戒之在鬪 戒之在得 · 206
군자유삼계 계지재색 계지재투 계지재득

94 生而知之者上也 學而知之者次也
困而學之又其次也 困而不學民斯爲下矣 · 208
생이지지자상야 학이지지자차야 곤이학지우기차야 곤이불학민사위하의

95 惡勇而 無禮者 오용이 무례자 · 210

96 割鷄焉用牛刀 할계언용우도 · 212

97 性相近 習相遠 성상근 습상원 · 214

98 古之愚也 直 今之愚也 詐而已矣 ·216

고지우야 직 금지우야 사이이의

99 道聽而塗說 德之棄也 도청이도설 덕지기야 ·218

100 無求備於一人 무구비어일인 ·220

101 君子之仕也, 行其義也 군자지사야 행기의야 ·222

102 仕而優則學 學而優則仕 사이우즉학 학이우즉사 ·224

103 小人之過也 必文 소인지과야 필문 ·226

104 博學而篤志 切問而近思 仁在其中 ·228

박학이독지 절문이근사 인재기중

105 大德不踰閑 小德出入可也 대덕불유한 소덕출입가야 ·230

106 苗而不秀者有矣 秀而不實者有矣 ·232

묘이불수자유의 수이불실자유의

107 君子惠而不費 勞而不怨 欲而不貪

泰而不驕 威而不猛 ·234

군자혜이불비 로이불원 욕이불탐 태이불교 위이불맹

108 不知命 無以爲君子也 不知禮 無以立也 不知言

無以知人也 ·236

부지명 무이위군자야 부지예 무이립야 부지언 무이지인야

1장

행복한 삶을 위한

안내의 말

1

學而時習之 不亦說乎

학 이 시 습 지   불 역 열 호

―❈―

배우고 익히면서 적절하게 그것을

실천하면 기쁘지 않겠는가

〈학이편〉

學(배울 학, 학자 학) **而**(말이을 이, 어조사 이) **時**(때 시, 때때로 시) **習**(익힐 습, 익숙할 습) **不**(아니 불, 아닌가 부) **亦**(또한 역, 모두 역) **說**(말씀 설, 기뻐할 열) **乎**(그런가 호, 어조사 호)

논어 책을 펼치면 첫 번째 나오는 문장이다. 공자의 입장에서 볼 때 배움이 세상 무엇보다도 중요하다는 생각을 가졌던 것으로 미루어 볼 수 있다.

사람은 누구나 이 세상을 살아가는데 중요하게 챙겨야 할 일이 배우고 익히며 실천하는 '공부'가 우선돼야 함을 강조한 말이다.

배움의 기본은 알고자하는 욕망이고, 그 욕망에 따르는 호기심은 주체적이면서도 능동적인 인간의 본능이다. 이 본능을 만족시키는 것이 우리가 느끼는 기쁨이라면 배우고 알게 되어 기쁨을 갖고자 함은 당연하고 다른 어떤 일보다 바람직할 일이라고 하겠다.

특히 배운다는 일은 인간의 생존 가능성을 높여준다. 따라서 무엇인가 새로 배워서 알게 되면 무의식적으로라도 생존에 대한 욕망이 조금씩 더 해질 것임은 분명한 사실이라고 본다. 여기서 시습이란 꾸준히 반복하다는 뜻으로 배워서 적절한 시기에 활용하게 될 때 누구나 기쁨을 느끼게 됨은 모든 인간이 갖는 즐거움이라 할 것이다.

2

巧言令色 鮮矣仁
교언영색 선의인

사람을 대할 때 일부러 듣기 좋은 말을 찾아

교묘하게 꾸미고 자연스럽거나 순수하지 못한

안색과 표정을 지어가며 착한 척하는 사람은

실제로는 어진 마음이 부족한 사람

〈학이편〉

巧(계교 교, 예쁠 교) 言(말씀 언, 말할 언) 令(하여금 영, 영 령)
色(빛 색, 낯 색) 鮮(고을 선, 적을 선) 矣(어조사 의)
人(사람 인, 남 인)

여기에서 선(鮮)은 일반적으로 '고을 선' '신선할 선'자로 보지만 또 한편으로는 '적다' '부족하다'는 뜻도 있음을 유의할 필요가 있다. 또한 영색(色)은 상대의 기분을 맞추거나 아첨하기 위해 얼굴 표정을 곱게 꾸미는 것을 뜻한다.

사람이 사람을 대할 때 순수한 마음에서 있는 그대로의 진실을 말하지 않고 의도적으로 표정을 꾸며가면서 좋은 모습을 보이려고 하는 것은 상대의 환심을 사기위한 솔직하지 못한 속마음이 있다고 할 수 있다.

이 사회는 양심과 정의 그리고 진실을 추구하려는 사람들의 부단한 노력에 의해 유지 발전되고 있음을 잊지 말아야 할 것이다.

속마음이 진실한 자세가 아니면서도 얼굴색과 태도를 의식적으로 꾸미고 아첨하며 환심을 사기 위해 접근하는 경우는 결코 개운하지 못한 결과를 초래할 것임을 잊지 말아야겠다.

3

學則不固

학 즉 불 고

배워서 익히고 견문과 시야를 넓히면

안목이 깊어져서 완고하게

자기주장만 고집하는 일이 없다

〈학이편〉

學(배울 학, 학문 학) **則**(곧 즉, 법칙 칙) **不**(아니 불, 아닌가 부)
固(굳을 고, 굳게할 고)

지식이 협소하고 신중하지 못하게 경망스러운 사람은 형세에 따라 변통할 수 있는 재주없이 자기만의 지식이나 학문에 사로잡히기 쉽다.

지식과 식견을 넓히는 깊은 학문을 통해 항상 너그럽고 유연한 사람이 될 수 있는 수련을 게을리 하지 말라는 뜻을 담고 있다.

사람은 누구나 살아가면서 배우고 공부하며 심신을 수련하는 노력을 소홀히 하면 독선에 빠지기 쉽고 융통성 없이 자기만의 고집이 강해져서 아집과 편견에 사로잡히게 되기 마련이다. 이처럼 고집불통인 사람일수록 배움과 식견을 넓히는 자기수련을 통해 그와 같은 현상을 극복할 수 있으리라 믿는다.

원래(학즉 불고)는 "군자는 진중하지 않으면 위엄이 없고 외면을 가벼히하는 사람은 학문을 해도 굳건하지 못하니 충성과 신의로 진심을 다 해서 믿음이 있는 사람이 될 수 있도록 노력할 것이며 자기보다 못한 사람과 벗하지 말 것이며 잘못하는 일이 생기면 주저하지 말고 고쳐야 한다"는 공자 가르침 중 일부인 사자성어로 보아야 할 것이다.

4

禮之用 和爲貴
예 지 용　화 위 귀

예의를 지키는 데는
조화가 가장 귀중하다

〈학이편〉

禮(예 례, 예우할 례) 之(갈 지, 이을 지) 用(쓸 용, 쓰일 용) 和(온화할 화, 화목할 화) 爲(할 위, 배울 위) 貴(귀할 귀, 귀히여길 귀)

무슨 일을 하던 서로 간에 조화롭지 못하면 잘 이루어지는 일이 없다. 조화야 말로 존중되고 귀하게 여겨야 할 도리이다. 우리가 생활하면서 조화롭지 못한 피해는 결과적으로 자기 자신에게 돌아오게 된다는 사실을 잊지 말아야겠다.

동양고전의 대표격인 주역(周易)에서 가장 으뜸이 되는 질서는 음양(陰陽)간의 조화라고 본다. 음과 양의 조화로운 결합이야 말로 양질의 후세가 생산되고 진화와 발전의 미래가 창조된다고 보는 것이다.

사람이 공동생활을 함에 있어서는 반드시 예(禮)의 정신으로 상호존중하고 조화롭게 어울리는 슬기로운 자세가 필요하다.
여기서 말하는 '예'란 까다로운 절차나 귀찮고 복잡한 격식과 신분을 뜻하는 것이 아니고 저마다 역할의 차이에 다라 각자의 분수에 맞는 자기자리를 찾는 것으로 서로의 차이를 인정하면서 공동의 가치를 추구할 수 있는 기본 질서라고 보아야 할 것이다.

5

貧而無諂 富而無驕
빈 이 무 첨   부 이 무 교

가난하지만 있는 자에게 아첨하지 않고

부유하다고 없는 자한테 뽐내거나

교만스럽게 처신하지 않는다

〈학이편〉

貧(가난할 빈, 모자랄 빈) 而(말이을 이, 어조사 이)
諂(아첨할 첨, 아첨 첨) 富(넉넉할 부, 부자 부) 無(없을 무, 아닐 무)
驕(교만할 교, 뻣뻣할 교)

자공(子貢)이 스승 공자와의 대화 중에서 나온 말이다. 이어서 공자께서는 그 정도이면 괜찮은 사람이지만 그렇다 해도 비록 가난할망정 즐겁게 지내고 부유하지만 예의를 잃지 않고 좋아하는 사람만은 못하다는 대답을 했다고 전해진다.

여기에서 가난이나 부자의 기준을 어느 정도로 보아야하는 문제도 있겠지만 끼니를 거르는 굶주림이 계속되는 가난함 속에서 즐거운 마음을 유지한다는 그 자체가 결코 쉬운 일은 아닐 것이다. 또한 사람은 누구에게나 다른 사람들 보다 좀 나은 위치에 있거나 남들이 쉽게 이룰 수 없는 부를 축적하다 보면 의례히 자만스러워지며 으스대고 싶은 마음이 생기기 마련일 것이다.

그러기 때문에 공자께서는 평소에 심신을 닦으며 수양을 계속하는 소위 군자라는 반열에 있는 사람은 일반 대중과는 달리 그와 같이 쉽지 않은 일들을 극복하며 일상적인 감정에서 벗어나 위풍당당하고 의연함을 보여줄 수 있어야 한다는 의도에서 나온 말이라 생각된다.

6

溫良恭儉讓
온 량 공 검 양

온화 · 선량 · 공손 · 검소 · 사양

공자의 다섯 가지 성품

〈학이편〉

溫(따뜻할 온, 부드러울 온) **良**(어질 량, 좋을 량) **恭**(공손할 공, 공손 공) **儉**(검소할 검, 적을 검) **讓**(겸손 양, 사양할 양)

온화하고 선량하며 공손하면서도 정도를 넘지 않도록 알맞게 조절하여 검소하고 겸손하게 사양하는 사람의 품성을 표현하는 말이다.

진(陳)나라 사람으로 공자의 제자가 된 자금(子禽)이 수제자격인 자공(子貢)에게 스승 공자의 처신에 관한 물음에 대하여 보통사람들과 다른 스승공자의 인격과 덕성을 평하며 대답한 말로 전해진다. 그러나 한편으로는 자공의 이와 같은 대답에서 공자의 적극적이지 못한 성품의 아쉬움이 느껴진다고 평하는 사람들도 있을 것이라고 보는 견해도 있다.

공자는 한 때 여러 나라를 다니면서 가는 곳마다 그 나라의 임금을 만나 자신의 생각이나 정치에 관한 의견을 역설하였을 것이다. 그러나 안타깝게도 그 의견을 흔쾌히 받아주는 임금이나 제후들이 없었기 때문에 결과적으로 남이 나를 인정해주거나 알아주지 않더라도 노여워하거나 화내지 않는 지경에까지 이른 것이 아닌가 하는 생각을 해본다.

7

君子務本 本立而道生
군 자 무 본　본 립 이 도 생

군자는 근본이 되는 일에 힘을 써야하며,

근본이 바로 서게 되면 올바른

도리가 생기게 되어 길이 저절로 열리게 된다

〈학이편〉

君(임금 군, 부모 군) 子(아들 자, 남자 자) 務(힘쓸 무, 일 무)
本(근본 본, 바탕 본) 立(설 립, 세울 립) 而(어조사 이)
道(길 도, 다스릴 도) 生(날 생, 목숨 생)

공자의 제자인 유약(有若)의 효도와 공경이 어짊의 근본임을 강조하는 말 중의 일부다. 논어(論語)는 공자께서 한 이야기를 모아놓은 책이지만 제자들이 역설한 말도 일부 실려 있는데 이 말이 바로 그러하다. 우선 여기에 나오는 군자란 지식과 인격이 갖추어진 이상적인 인간상을 지칭 한다는 것으로 알아야겠다.

사람이 부모에 효도하고 형제간의 우애를 잃지 않는다는 것은 가정을 지키는 근본이 되고 가정이 제대로 지켜져서 집안이 평안하면 밖에 나가서도 어질고 착한 마음을 가질 수 있을 것이다. 또한 나라에 충성할 수도 있게 되므로 자연스럽게 순리에 맞는 도(道)를 실현할 수 있는 길이 열리게 된다고 보는 말이라 풀이 할 수 있다. 그래서 우리가 흔히 쓰는 수신제가치국평천하(修身齊家治國平天下)라는 말의 근본이 되는 첫 번째가 바로 자기 자신의 몸과 마음을 바르게 하는 것임을 강조하였다고 본다.

누구나 또는 어떤 일이나 기초가 제대로 서면 나아갈 길이 눈앞에 열리기 마련이다. 따라서 기초를 튼튼히 하고 기본이 충실하게 갖추어져야 한다는 진리를 잊지 말아야 할 것이다.

8

人不知而不慍 不亦君子乎
인 부 지 이 불 온　불 역 군 자 호

남이 나를 알아주지 않아도 화내지 않을 정도로 인격이 수양된 사람이라면 또한 군자가 아닌가

〈학이편〉

人(사람 인, 남 인) 不(아니 불, 아닌가 부) 知(알 지, 알릴 지) 而(어조사 이) 慍(성낼 온) 亦(또한 역) 君(임금 군, 남자 군) 子(아들 자, 남자 자) 乎(그러가 호, 어조사 호)

논어의 가장 첫 구절인 학이시습지면 불역열호(學而時習之 不亦說乎)의 다음에 나오는 말이다. 논어는 처음부터 공부하는 이야기로 시작할 정도로 배우는 것이 이 세상의 어느 것 보다 중요함을 강조했다고 본다.

사람은 누구나 자신에게 충분한 능력과 재량이 있는데도 세상이 알아주지 않는다면 화도 나고 타인을 원망할 정도로 견디기 쉽지 않은 일이다. 이같이 남들이 인정하지 않는 사람에게 먼 곳에서 찾아오는 사람이 있다면, 그 사람은 세상을 보는 눈과 뜻이 같은 동지로써의 벗이었을 것이다. 유붕자원방래(有朋自遠方來) 불역락호(不亦樂乎)와 연결해 생각할 수 있는 말이다.

논어가 강조하는 공부는 다른 사람들과 조화를 이루며 자기 스스로의 욕망과 감정을 조절하고 통제하면서 사회발전에 기여할 수 있는 역량을 기르는데 주력하였다는 사실을 주목할 필요가 있다. 사람은 누구나 남들에게 인정받고 싶은 마음을 덜어내야 한다. 타인의 시선에 지나치게 신경을 쓰는 사람은 자기행복을 찾기가 어렵다는 사실을 알아야 할 것이다.

9

不患人之不己知 患不知人也

불 환 인 지 불 기 지   환 부 지 인 야

남들이 나를 알아주지 않는다고 근심하지 말고

내가 남을 알지 못함으로 인해 옳고 그름을

분명하게 분별할 수 없다는 사실을

걱정하여야 한다

〈학이편〉

> 不(아니 불, 아닌가 부) 患(근심 환, 병 환) 人(사람 인, 남 인) 之(갈 지, 어조사 지) 己(몸 기) 知(알 지, 알릴 지) 也(어조사 야, 이룰 야)

사람은 누구나 남으로부터 인정받고 싶은 욕구가 있는데 그러한 욕구충족을 위해 노력했음에도 남들이 알아주지 않으면 조금은 짜증이 나고 초조해지는 근심이 생길 수 있는 일이라고 본다.

좀 더 현실적으로 풀이해 보면 비슷한 절차와 과정을 거치는 노력을 했음에도 다른 사람들과 같이 출세를 못했다고 열받지 말고 소위 잘 나가는 사람들이 갖는 즉 성공의 비결이 무엇인가를 알려고 노력 하라는 뜻으로 생각해 볼 수도 있겠다.

그러므로 남이 나를 잘 모른다는 것은 나에 대한 올바른 정보가 상대방이나 다른 사람들에게 제대로 전달되지 못했거나 요즘 흔하게 쓰는 자기 홍보가 부족했다는 말인데 그 같은 사실은 바로 나에 대한 나 스스로의 평가가 있어야 할 것이다. 그러니 내가 처한 현실이나 내 안목으로만 세상을 보거나 내 생각으로만 세상일을 판단하지 말고 다른 사람들의 평가기준이나 상대의 입장과 의중을 파악하고 이해하는데 소홀히 해서는 안 된다는 말이 되겠다.

10

事父母能竭其力
與朋友交言而有信

사 부 모 능 갈 기 력
여 붕 우 교 언 이 유 신

부모를 모실 때는 자신의 온 힘을 다하고

친구와 사귈 때에는 말에 믿음이 있도록

하여야 한다

〈학이편〉

事(일 사, 섬길 사) 能(능할 능) 竭(다할 갈) 其(그 기) 與(더불어할 여) 朋(벗 붕) 友(벗 우) 交(사길 교) 有(있을 유) 信(믿을 신)

이 말은 인간이 가져야 할 기본 도리로 집에서는 부모에 효도하고 밖에서는 어른들을 공경하는 일과 널리 여러 사람을 사랑하며 나라에 충성하는 일들을 하고도 남는 여유가 있으면 배우고 공부를 하여야 한다는 말에 이어지는 문장의 일부다.

항상 배우며 공부를 하겠다는 마음가짐이 많이 배우고 좋은 직업을 갖고 부족함을 모르고 지내는 사람보다 나을 수 있다는 인식을 새롭게 하는 말이라고 할 수 있겠다.

어떤 사람이 훌륭하냐 그렇지 못하느냐 하는 기준을 그 사람이 얼마나 공부를 많이 하고 요즘으로 말하면 좋은 대학을 나와 남들이 부러워하는 직장에 다니느냐에 두지 않고 평소에 어떻게 행동하며 살아가느냐에 두겠다는 말이 되겠다.

남들이야 어떻게 생각하던 나하고 싶은 대로 해가며 내가 목적하는 대로만 살아가면 되겠다는 사사로운 생각만하는 사람은 인간이 필수적으로 벗어 날 수 없는 공동사회와 공공의 이익에 도움이 될 수 없다는 뜻으로 이해되어야 할 것이다.

11

君子不器

군 자 불 기

군자는 한 가지 일에만 쓰이지 않는다

〈위정편〉

君(임금 군, 부모 군, 스승 군) **子**(아들 자, 씨 자, 열매 자)
不(아니 불, 아닌가 부) **器**(그릇 기, 그릇으로 쓸 기)

직역하면 '군자는 그릇이 아니다'이지만 '군자는 한 가지 일에만 쓰이는 도구가 아니다'로 풀이된다.

요즘은 군자(君子)라 하면 일반적으로 학식과 덕행이 높아 점잖으면서도 식견이 많은 사람으로 인식되고 있다. 하지만 공자께서 지칭하였던 군자는 아마도 왕이나 제후와 같은 통치자나 그에 버금가는 높은 벼슬자리에 있으면서 많은 사람에게 영향력을 행사할 수 있는 사람을 일컫는 말로 이해하여야 하지 않을까 생각된다.

그 당시 군자란 모든 분야에 두루 통하는 덕망과 능력을 갖춘 사람으로 못하는 일이나 잘못하는 일이 없을 것이라는 믿음을 줄 수 있는 위치에 있는 사람이라 할 것이다.

따라서 단순하게 그릇과 비교했는데 보통 그릇과 같은 도구나 기계는 대체적으로 어느 한 가지 기능이나 용도에만 사용되도록 제조되었다는 점을 유의할 필요가 있다고 본다.

12

君子周而不比 小人比而不周
군 자 주 이 불 비   소 인 비 이 부 주

군자는 두루 두루 가깝게 지내지만
편을 가르지 않고 소인은 무리를 지어
견주지만 두루 친하지를 않는다

〈위정편〉

君(임금 군, 부모 군) 子(아들 자, 씨 자, 열매 자)
周(두루 주, 둘레 주) 而(어조사 이) 不(아니 불, 아닌가 부)
比(견줄 비, 친할 비) 小(적을 소, 작을 소) 人(사람 인)

여기서 주(周)는 편을 가르지 않고 모두가 친한 것으로 비(比)는 패거리로 떼를 지어 견준다는 뜻으로 해석되고 있다.

위 문장은 개인적인 사안보다는 정치적인 쟁점이나 권력의 향배에 따른 소위 당파와 관련지어 해석하는 경향이 많다고 본다.

실제로 조선왕조 후기로 넘어가면서 양반들의 주도권 쟁취를 위한 당파싸움이 심하여 22대 임금인 영조가 왕명으로 성균관 들머리에 비석을 세웠는데 그 비석에 새긴 글이 이 문장이었다고 전해온다.

공자께서 군자와 소인을 구분한 것은 그 당시 다양한 인간들의 유형(類型)을 두 가지로 정리하는데서 시작됐다고 보는데 누구에게나 군자 또는 소인적인 측면만 있다고 할 수는 없을 것이다.

다만 이러한 사실을 고려하지 않고 특정인이나 어느 한쪽을 소인으로 지목해 놓고 전형적으로 나쁜 사람이거나 잘못된 패거리로 매도하며 비난하는데서 뚜렷한 기준도 없이 내 편 아니면 네 편으로 나뉘어지고 대립과 분열이 심화되는 현상이 발생하고 있다고 본다.

13

知之爲知之 不知爲不知 是知也
지 지 위 지 지   부 지 위 부 지   시 지 야

확실하게 알고 있는 것은 안다고 하고

모르는 것은 솔직하게 모른다고 하는 것

이것이 바로 아는 것이다

〈위정편〉

> 知(알 지, 알릴 지) 之(갈 지, 이를 지) 爲(할 위, 만들 위)
> 不(아니 불, 아닌가 부) 是(이 시, 옳을 시) 也(어조사 야, 이를 야)

여기에서 지(知)는 단순하게 안다고 하기 보다는 옳고 그름을 분별하는 판단력으로 보는 경향이 많다.

대체적으로 우리사회는 아는 것은 당연한 것으로 생각하지만 모른다는 것은 수치스럽고 부끄러워하며 심지어는 무슨 잘못이나 저지른 것처럼 여기는 경향이 있다. 그래서 모르는 것도 아는 것처럼 하다가 소위 선 무당이 사람 잡는다는 말까지 나오게 되었다고 할 수 있겠다.

생면부지로 처음부터 모르거나 알더라도 확실하고 분명하지 않아 기연가미연가 한 일은 아예 모른다고 솔직하게 말해야지 아는 척하며 나서는 것은 결과적으로 자기의 양심을 속이는 일이 된다고 하겠다.

사실 어리석음도 자신이 어리석다고 느끼고 어리석음을 인지하며 숨기려 하지 않는다면 진정으로 어리석지 않다고 볼 수 있을 것이다.

확실하게 아는 것에 대해 자신 있게 말 할 수 있고 모르는 것을 모른다고 솔직하게 인정하는 것은 어리석음이 아니라 오히려 현명하고 정직한 태도라고 할 수 있을 것이다.

14

溫故而知新 可以爲師矣
온고이지신 가이위사의

옛것을 잘 익히고 지키며 새로운 것을 알게 되면
다른 사람도 가르칠 수 있는 스승이 될 수 있다

〈위정편〉

溫(따뜻할 온) 故(일 고, 예 고) 而(말이을 이) 知(알 지) 新(새 신)
可(옳을 가) 以(써 이, 쓸 이) 爲(할 위) 師(스승 사) 矣(어조사 의)

'온고이지신'은 요즘도 우리주변에서 자주 들을 수 있는 상용어(商用語)라 할 수 있겠다.

역사에서 좋은 점을 본보기로 삼아 그 자취를 밟으며 배움을 찾는다는 것은 오늘날 우리가 흔히 쓰는 '벤치마킹'을 의미하는 바, 훌륭한 일을 벤치마킹하지 않으면 그 경지에 들어가기가 힘들 것이라는 말로 이해할 수 있겠다.

아마도 우리가 고대문헌인 논어를 공부하며 현재와 미래의 삶에서 대두되는 제반문제의 해답을 찾으려는 것과 같은 논리라 볼 수 도 있을 것이다.

새것이 필요하다는 것은 옛것 속에서 노출되는 한계를 해결코자 함이니 새로운 것의 창조는 옛것에서 나타내는 매듭을 찾아 풀어야 만이 새것의 모습이 드러내는 온고지신의 과정에서 이룩된다고 설명할 수 있겠다.

새것이란 바로 오늘이자 내일이라 말할 수 있다. 현재이자 미래이므로 어제이며 과거가 되는 지난날에서 교훈을 얻겠다는 생각을 하지 않고 역사를 자신의 욕망이나 꿈을 이루기 위한 단순한 이용물로만 인식해서는 안 될 것이라 생각된다.

15

思無邪

사 무 사

생각에 악한 것이 없고

떳떳하지 못한 마음을 갖지 않는다

〈위정편〉

思(생각할 사, 생각 사) 無(없을 무, 아닐 무) 邪(간사할 사, 기우듬할 사)

많은 사람들이 삶의 좌우명(座右銘)으로 삼아 마음을 닦고 수신하는데 사용되는 격언(格言)이라고 할 수 있겠다. 중국에서 가장 오랜 된 시집으로 알려진 시경(詩經)에 나오는 시 300여편은 모두가 작가도 다르고 내용과 형식도 다르지만 각기 지은이의 마음에 삿된 생각이 없고 순수한 뜻으로 일관된 내용이라 읽는 사람의 마음을 바르게 해준다는 뜻에서 나온 말이라고 전해지고 있다. 이러한 시(詩)를 통해 사람들의 마음을 진솔하고 사악함이 없도록 하겠다는 공자의 의지를 나타내는 말이라 볼 수 있을 것이다.

　공자께서 생존하였던 춘추전국시대도 요즘과 못지않는 혼란과 거칠고 삭막한 인심이 팽배하였을 것이다. 그러한 사람들의 마음을 순화하고 사회를 안정시키기 위한 성인 공자의 노력을 엿볼 수 있는 말이라 할 수 있다.
　옛날이나 지금이나 누구든 시를 쓰는 마음은 인간이 구현할 수 있는 온갖 생각이나 상상 중에서 가장 순수하고 천진(天眞)한 자연스러움 속에서 우러나오는 사유와 정서가 압축된 표현이라고 볼 수 있다. 그렇다면 시를 짓는데 어찌 감히 사악하고 삿된 생각이 범접을 할 수 있겠는가하는 생각을 해본다.

16

民免而無恥
민 면 이 무 치

―◦◦＊◦◦―

백성들이 처벌만 교묘하게 피하려하고
자신의 잘못에 대한 반성은 할 줄 모르게 된다

〈위정편〉

民(백성 민) 免(벗어날 면, 벗을 면) 而(말이을 이, 어조사 이)
無(없을 무, 아닐 무) 恥(부그럼 치, 욕보일 치)

백성들이 외부적으로 가해지는 강제와 처벌만 피하려하고 내면적인 양심과 부끄러움을 느끼면서 스스로 자신의 잘못을 고쳐야겠다는 노력을 소홀히 여기게 된다는 뜻으로 해석된다.

　요즘말로 풀이해 보면 법률에 의한 단속에만 저촉되지 않는다면 어떤 나쁜짓을 저질러도 부끄러움을 모르는 파렴치함을 뜻한다고 하겠다.

　이 말은 본래 도지이정(道之以政)과 제지이형(齊之以刑)에 연결되는 문장인데 나라를 다스리는데 엄격한 법규와 처벌만을 강조하다보면 백성들은 오로지 벌이 무서워 법규에 위반 되는 가시적 행위만 피하려 할 것이다.

　공자도 모든 일을 법으로만 해결하고자 하기 보다는 사람들이 각자의 양심에 의한 바른 삶을 지향하면서 그 과정에서 발생될 수 있는 잘못이 있다면 스스로 부끄러움을 느끼고 바로잡을 수 있는 사회가 바람직하다고 생각한 것으로 보인다.

17

吾十有五而志于學

오 십 유 오 이 지 우 학

나이 열다섯에 학문에 뜻을 두었다

〈위정편〉

吾(나 오, 우리 오) 有(있을 유, 가질 유) 而(말이을 이, 어조사 이)
志(뜻 지, 뜻할지) 于(어조사 우, 할 우) 學(배울 학, 학문 학)

나는 열이요 또 다섯에 학문에 뜻을 세웠다는 말이다. 열에다 다섯을 더하면 열다섯이니 공자는 15세에 학문에 뜻을 두고 평생 동안 쉬지 않고 노력하였음을 알 수 있다.

물론 이 말은 공자 자신의 특별한 인생경험을 담는 것이기 때문에 다른 사람에게 일관되게 적용될 수는 없겠지만 누구에게나 중요한 것은 처음부터 명확하게 뜻을 세우고 그 뜻에 맞는 목표와 방향을 향해 꾸준하고도 끊임없는 노력을 하여야 성공의 열매를 거둘 수 있다는 사실이다.

예나 지금이나 세상에 이름을 떨치는 뛰어난 사람들 대부분이 청소년기에 인생의 방향을 분명하고 확실하게 결정하고 그 방향으로 꾸준히 노력한 것을 알 수 있다.

우리가 성인으로 추앙하는 공자도 세살 때 부친을 잃고 홀어머니와 가난한 유년시절을 보내며 성장기에는 생계유지를 위해 많은 고생을 해가면서도 학문에 뜻을 잃지 않는 불굴의 의지와 노력이 계속되었다고 전해지고 있다.

18

學而不思則罔 思而不學則殆

학 이 불 사 즉 망   사 이 불 학 즉 태

배우면서 생각하지 않으면 어리석기 쉽고

생각만하고 배우지 않으면 위태롭게 된다

〈위정편〉

學(배울 학, 학문 학) 而(말이을 이, 어조사 이)
不(아니 불, 아닌가 부) 思(생각할 사, 생각 사) 則(곧 즉, 법칙 칙)
罔(그물 망, 없을 망) 殆(위태할 태, 해칠 태)

배우고 생각하지 않으면 개념의 정리가 없이 산만하고 어리석어지기 쉽고 생각만하면서 배우지 않으면 위태로워 질 수 있으니 배우는 것과 사고하는 것이 함께 이루어져야 함을 강조하는 말이라고 풀이 할 수 있을 것이다.

단순히 배우기만 한다는 기능은 비록 인간뿐 아니라 다른 동물사회에서도 있을 수 있는 일이라 하겠지만 사고하고 생각한다는 일은 특히 고뇌하면서 발전을 거듭하는 기능은 인간이 갖는 탁월한 능력이다.

이런 능력을 지닌 인간이 배우기만 하고 그 배운 내용을 깊이 생각하며 정리하고 이해하려 하지 않으면 그 지식은 확실하게 자기 것으로 소화시킬 수가 없을 것이다.

또한 자기 혼자 생각만하면서 의문스럽거나 미심쩍은 일들을 스승이나 주변 선배들한테 물어가며 깨닫고 밝히지 않으면 그 지식은 불확실하고 애매하여 아집이나 독단에 빠질 수 있는 위험이 따르기 쉽다고 할 수 있겠다.

19

人而無信 不知其可也

인 이 무 신   부 지 기 가 야

신의가 없는 사람은

신의가 옳은 일인지조차 알지 못한다

〈위정편〉

人(사람 인, 남 인) 而(말이을 이) 無(없을 무) 信(믿을 신, 믿음 신)
不(아니 불, 아닌가 부) 知(알 지, 알림 지) 其(그 기, 어조사 기)
可(옳을 가, 들을 가)

사람이 생활하는데 서로 간에 믿음이 없으면 사회적으로 인정받을 수가 없어 인간관계를 비롯한 모든 일들이 성립될 수가 없다는 말이라 하겠다.

자기가 지키지 않는 신의와 신용은 다른 사람은 물론 자기 자신에게 피해를 주는 결과를 초래하기 때문이다.

인간이 생명을 유지하며 삶을 영위한다는 것은 사람과 사람이 서로 관계를 맺으며 이어짐으로써 공동체가 구성되고 공동의 선을 추구하는 과정을 거쳐야 기본적인 인간의 권리와 행복의 가치를 찾을 수 있다. 그러한 관계가 유지되기 위해서는 반드시 서로 믿고 신뢰할 수 있는 인간적인 신의에 의한 연결이 있어야 할 것이다.

신뢰가 없는 사람은 아무리 정의와 공정을 강조한다고 해도 그것은 바르고 떳떳하지 못한 자기의 속내를 감추고 호도하는 수사적 표현에 불과 할 것이다.

그래서 믿음을 확고하게 할 수 있는 사람은 어떠한 일을 하던 다른 사람과의 관계에서 신의와 신용을 지키는 일에 일의 성공여부를 가늠할 수 있다는 확신을 잃지 않는다고 보아야 할 것이다.

20

父母唯其疾之憂

부 모 유 기 질 지 우

부모는 오직 그 자식이

병날까 근심을 한다

〈위정편〉

父(아비 부) 母(어미 모) 唯(오직 유) 其(그 기, 어조사 기)
疾(병 질, 괴로움 질) 之(갈 지, 어조사 지) 憂(근심 우, 앓을 우)

부모가 자식을 사랑하고 걱정하는 마음 중에서 건강을 가장 크게 염려한다는 뜻으로 이해할 수 있겠다. 아마도 그 당시에는 위생 의식을 비롯한 건강을 지키기 위한 제반 여건이 오늘날의 우리와 비교될 수 없을 정도로 열악하였을 것이니 귀여운 자식들이 어디에 가서 탈이나 나지 않을까하는 걱정이 부모의 마음에서 떨어지는 날이 없었음이 짐작된다.

 예나 지금이나 부모가 자식을 사랑하는 마음이 이르지 않는 데가 없겠지만 유독 질병이 있을까 두려워하고 항상 근심하였음은 사람이 생명을 유지하고 행복한 삶을 영위하기 위해서는 그 신체의 건강이 가장 기초가 되는 필수적 요인임을 새롭게 하는 말이라 할 것이다.

 우리는 흔히 자식을 낳아 길러봐야 부모의 마음을 제대로 알 수 있다는 말을 주변에서 자주 듣는데 그 자식이 어렸을 때는 물론 성장하는 과정을 거쳐 성인이 되더라도 항상 자식을 걱정하는 마음에서 벗어 날 수가 없는 부모의 근심이 바로 그 자식으로 하여금 부모를 생각하게 하는 효성스런 마음이 우러나게 하는 근원으로 작용될 수 있는 혈연적 관계가 될 수 있다는 사실 또한 잊지 말아야 할 것이다.

21

今之孝者 是謂能養 至於犬馬
皆能有養 不敬 何以別乎

금 지 효 자　시 위 능 양　지 어 견 마
개 능 유 양　불 경　하 이 별 호

효의 핵심은 부모에게 진정으로

고맙고 존경하는 마음을 갖는 것

〈위정편〉

今(이제 금) 之(어조사 지) 孝(효도 효) 者(사람 자) 是(이 시)
謂(이를 위) 能(능할 능) 養(봉양 양) 至(이를 지) 於(어조사 어)
犬(개 견) 馬(말 마) 皆(다 개) 有(있을 유) 不(아니 불)
敬(공경 경) 何(어찌 하) 以(써 이) 別(다를 별) 乎(그런가 호)

요즘 세상에서는 부모에게 좋은 음식 같은 것으로 어버이를 봉양하는 것을 효도한다고 하는데 사람들은 가까이 하는 개나 말과 같은 짐승들에게도 좋아하는 음식을 먹이며 기른다. 진심으로 부모를 공경하는 마음이 없다면 단순하게 부모를 봉양하는 일이나 아끼며 기르는 개나 말을 가꾸는 일이나 다를 게 없다는 말이 되겠다.

효의 핵심은 부모에게 진정으로 고맙고 존경하는 마음을 갖는 것이라는 뜻으로 풀이되는 문장이다.

공자가 생각할 때 옛날의 효도는 부모에게 겉으로는 좋은 음식과 편안한 잠자리와 같이 신체적 안락함을 갖도록 함과 동시에 내면적으로는 부모의 마음에 걱정됨이 없고 언제나 안심할 수 있도록 존경하는 마음을 잃지 않는 것이었다. 그런데 요즘에 와서는 마음속에서 우러나오는 공경심이 없이 물질적으로만 받드는데 치중하니 이와 같은 봉양은 개와 말을 기르는 일상적이고 의례적인 일이나 다름이 없다고 보았던 것이다.

아마도 효도가 좋은 음식과 편안한 잠자리만 의미한다면 부모를 모시는 것과 가축과 같은 짐승을 기르는 일이 무슨 차이가 있느냐는 말이 되겠다.

22

見義不爲 無勇也
견 의 불 위 무 용 야

옳은 일이라는 것을 보고 알면서도
행동하지 못하는 것은 용기가 없는 것이다

〈위정편〉

見(볼 견, 보일 현) 義(옳을 의) 不(아니 불) 爲(할 위, 배울 위)
無(없을 무, 아닐 무) 勇(날랠 용, 용감 용) 也(이를 야, 어조사 야)

대부분의 사람들은 당장 눈앞에 보이는 일이 분명히 정의로운 일이고 또 자진해서 그 일을 행하는 것이 인간으로서의 당연한 의무이고 자신 또한 마땅히 해야 할 일이라고 생각한다. 하지만 이런 생각과 달리 멈칫거리며 물러서서 행하지 못하는 경우가 있는데 그런 사람은 마음이 약하고 용기가 없는 사람이라 할 것이다.

누구나 세상을 살다보면 종종 꼭해야 할 일은 아니하고, 해도 그만 아니해도 그만일 정도의 일에 매달리는 때가 있다. 이 또한 사리의 분별을 제대로 못하는 현상이라 하겠다.

불의를 보고서 물리치질 못하거나 확실하게 옳은 일이라는 생각을 하면서도 행동으로 옮기지 못하는 것은 그 일로 인해 '자신에게 어떠한 불이익이나 손해가 있지 않을까'하는 망설임 때문이다. 이것은 분명 용기가 없고 나약함으로 인해 정의로움이 뒷전으로 밀리는 것이라고 보아야 할 것이다.

여기 말하는 정의(正義)의 판단을 공자는 '옳은 것을 보고 행동으로 옮길 수 있는 용기'로 보았던 것이라는 생각을 해 본다.

23

旣往 不咎
기 왕　불 구

―◦◈◦―

과거 일은 비록 잘못된 점이 있다 해도
자꾸 따져가며 시비를 가릴 일이 아니다

〈필일편〉

旣(이미 기, 다할 기) **往**(갈 왕, 옛 왕) **不**(아니 불, 아닌가 부)
咎(허물 구, 미움 구)

결과야 어찌되었던 지난날의 경험을 바탕으로 같은 실수를 되풀이 하지 않기 위해 현실에 충실하도록 노력하는 생활이 바람직하다는 의도에서 나온 말이라 하겠다.

하기야 이미 지나 버린 과거사를 가지고 책망이나 하는 것은 앞날을 위해 결코 도움이 되지 않는 일이라 할 수 있다.

우리가 살아가는데 가장 중요한 것은 바로 현재의 이 순간이지 결코 되돌아올 수 없는 지난 과거가 아니라는 사실을 새롭게 상기시키는 말이라고 보아야겠다. 그러나 한편으로는 사람이 생명을 지키고 삶을 유지하는 일이 지금까지 살아온 지난날에서 이어지는 오늘의 현실과 그리고 앞으로 닥쳐오는 미래와의 연속인데 어떻게 지나간 일이라고 모르쇠만 할 수 있을까하는 생각도 갖기 마련이다.

더욱이 과거의 영광스러웠던 일들은 오늘 내가 존재할 수 있는 밑바탕이 되고 미래를 살아갈 수 있는 힘으로 작용할 수도 있는데 그래서 힘들 때마다 한 번씩 그 기억을 되살리며 어려운 현실에 위안을 얻기도 할 것인데 단순히 지난일이라고 그냥 잊어버리기가 그리 쉽지 않은 일이라는 사실 또한 숨길 수 없는 일이라 하겠다.

24

獲罪於天 無所禱也
획 죄 어 천　무 소 도 야

하늘에 죄를 지으면 기도할 곳이 없다

〈팔일편〉

獲(얻을 획) 罪(허물 죄) 於(어조사 어) 天(하늘 천) 無(없을 무) 所(바 소, 곳 소) 禱(빌 도) 也(어조사 야)

글자 그대로 직역해보면 '하늘에 죄를 지으면 기도할 곳이 없다'는 말이 되겠다. 사람은 누구나 완전할 수가 없기 때문에 의도적이 아니더라도 실수나 우연하게 잘못을 저지를 수 있고 그 잘못이 현행되는 실정법의 위반이 되어 가시적이고 외형적인 형벌에 이어질 수도 있다. 또한 그 이전의 어린 시절에도 부모님이나 선생님의 뜻에 거슬리는 행동으로 꾸지람을 듣는 경우도 있기 마련인데 그럴 때 마다 손바닥을 싹싹 빌며 용서를 구하거나 법관 앞에서 잘못을 뉘우치며 형벌이 감면되기를 바라는 마음을 갖는 것은 인지상정이라 할 수 있을 것이다.

그러한 일들은 모두 사람과 사람사이의 관계에서 이루어지는 일이지만 하늘의 뜻을 거역하고 하늘에 대해 잘못을 저지르면 잘못을 빌거나 용서를 구할 곳조차 없다는 말이니 도대체 하늘의 존재의미와 기도한다는 인간의 마음을 어떻게 연결 지을 수 있을지 어렵게 느껴질 수 있는 일이라 하겠다. 그래서 하늘은 우리가 믿고 따라야 할 가장 올바르고 꾸밈이 없는 최상의 도(道)이고 한 치의 어김도 있을 수 없는 자연의 이치라는 사실을 확신할 수밖에 없는 우리 인간의 부족하고 미흡한 존재임을 스스로 깨달아야 할 것이다.

25

成事不說 遂事不諫 既往不咎
성 사 불 설   수 사 불 간   기 왕 불 구

이루어진 일이라 말하지 않을 것이며

이미 완성된 일이라 간하지 않겠으며

이미 지나간 일이라 허물하지 않겠다

〈팔일편〉

成(이루어질 성) **事**(일 사) **不**(아니 불) **說**(말할 설) **遂**(이룰 수)
諫(간할 간) **旣**(이미 기) **往**(갈 왕) **咎**(나무랄 구, 허물 구)

공자가 제자인 재아(宰我)와 나누는 대화에서 나오는 말이다. 이미 끝나고 지나간 일을 새롭게 끄집어내 시시비비를 가리며 말썽을 일으키기보다 앞으로 다가올 새로운 일에 실수나 잘못이 없도록 미래지향적 삶을 강조하는 뜻에서 나온 말이라 하겠다.

이미 이루어졌거나 완성되어 버린 일에는 다소의 잘못이 있다하더라도 뒤늦게 소급해가며 잘못을 지적하고 고치도록 말해봤자 이미 버스는 지나갔고 실속 없게 뒷북이나 치는 현명하지 못한 일은 하지 말아야한다는 말이 되겠다.

끝난 일의 허물을 자꾸 지적해봐야 결과적으로 말썽만 일으키고 다시 새롭게 고쳐지고 바로 잡아지기가 쉽지 않다는 것은 뻔한 일이기 때문이다.

그러나 세상은 꼭 그렇지만은 않아서 지나간 과거사로 인해 얼마나 많은 역사적 비극이 현실로 드러났음은 부인할 수 없는 사실이라 하겠다.

26

射不主皮 爲力不同科 古之道也
사 불 주 피 위 력 부 동 과 고 지 도 야

활쏘기를 할 때 과녁을 뚫는 것보다
맞추는 것을 중요하게 여기는 것은
사람마다 체력이 다르기 때문이다.
이것이 활쏘기의 도(道)이다

〈팔일편〉

射(쏠 사) **不**(아니 불) **主**(주장 주) **皮**(과녁 피) **爲**(할 위) **力**(힘 력)
同(한가지 동) **科**(등급 과) **古**(예 고) **道**(길 도, 도 도)

옛날 사람들도 의례적인 행사에서의 활쏘기는 과녁을 꿰뚫는 것을 주장하지 않았으나 무술을 겨루는 활쏘기에서는 과녁을 맞춰 뚫어야 했다고 전해진다.

예전에는 일반적으로 활쏘기로써 사람의 덕성이나 무술의 등급을 가리는데 단순하게 맞추는 것만을 기준으로 삼고 과녁이 되는 소나 양과 같은 동물의 가족을 뚫는 것을 주장하지 않은 것은 각자 타고난 힘(유전적 요소)이 다름을 감안했기 때문인 것으로 이해된다.

다시 말해 과녁을 맞추는 것은 배우고 연습으로 가능한 후천적인 일이지만 과녁인 가죽을 뚫을 수 있는 힘의 강약은 사람의 노력만으로는 어찌할 수 없는 인간의 본질적인 일임을 구분하고 인정하는 것이 성인의 도리라는 점을 공자는 강조하고 싶었던 것이라 생각된다.

가죽을 꿰뚫는 것은 누구의 힘이 더 센가를 겨루는 힘자랑이지만 과녁을 맞춰 명중시키는 일은 평소에 얼마나 연습을 하고 노력을 했는지의 여부로 판단 할 수 있기 때문이라 하겠다.

27

樂而不淫 哀而不傷
락 이 불 음   애 이 불 상

즐거우면서도 음란함에 빠지지 않으며

슬퍼할 일이 있더라도

몸과 마음이 상할 정도로 지나치지 않는다

〈팔일편〉

樂(풍류 악, 즐길 락) 而(말이을 이, 어조사 이)
不(아니 불, 아닌가 부) 淫(담글 음, 방탕할 음)
哀(서러울 애, 슬퍼할 애) 傷(다칠 상, 근심할 상)

원래 이 말과 공자가 시경(詩經)에 나오는 관저(關雎)라는 시의 내용을 논한 말인데 그 즐거움과 슬픔을 지극히 해야 할 경우에 처하더라도 일반적인 상식이나 사회적 규범에서 벗어나지 않아야 한다는 뜻에서 한 말이라고 전해진다.

 같은 논어의 선진(先進)편에 과유불급(過猶不及)이라는 말이 있는데 지나친 것은 미치지 못한 것과 같다는 말로 본 내용에 비교하면 참고 될 수 있는 뜻이라 할 수 있겠다.

 사리분별도 못하고 지나치게 즐기기만 하다 아예 음란스러움에 빠지거나 슬프다고 식음을 전폐하며 잠을 못 이루고 건강을 해칠 정도가 되면 차라리 처음부터 즐길 생각이나 슬퍼하는 마음을 갖지 말아야 했을 것이다. 그러나 대체적으로 사람은 즐기다보면 자신도 모르게 그 즐기는 일에 몰입되기 쉽고 어떤 슬픈 일을 당해서 슬퍼하다보면 입맛도 없어지고 온갖 슬픈 생각만 가득해 심신의 상처를 입는 경우를 흔히 보게 된다.

 실제로 우리 주변에는 즐거움에 도취되어 주제파악도 못하고 패가망신의 지경에 이르게 되거나 슬픔에 빠져 건강을 해치는 일들이 자주 일어나고 있음은 숨길 수 없는 사실이다.

2장

인생의 굽이에서

힘을 주는 말

28

德不孤 必有隣

덕 불 고   필 유 린

덕이 있는 자는 반드시

이웃이 있게 됨으로 외롭지 않다

〈이인편〉

德(큰 덕, 품행 덕) 不(아니 불, 아닌가 부) 孤(고아 고, 외로울 고)
必(반드실 필, 오로지 필) 有(있을 유, 가질 유)
隣(이웃 린, 이웃할 린)

여기서 덕(德) 그 자체보다 덕이 있는 사람과 외롭지 않다는 점이 강조되고 있음을 유의해서 본다면 인간 사회가 덕의 결과를 외로움으로 되돌려주는 경우가 많기 때문에 나온 말이란 생각이 든다.

예나 지금이나 나는 덕이라고 베풀었는데 상대는 대수롭지 않게 생각하고 그에 상응한 보답을 해주지 않는 경우가 흔하기 때문이다. 그렇게 생각해보면 어떤 보상을 기대하면서 덕을 베풀었다면 그 덕 자체가 본래의 가치를 상실한 겉치레의 수단으로 보아야 마땅할 것이다.

그렇다면 과연 덕이란 무엇을 말하는가. 도(道)와 짝을 이루며 자주 쓰는 말이지만 그 뜻 자체가 광범위하고 심오해서 한 두 마디로 가볍게 설명될 수가 없다고 본다. 다만 사람이 수양하고 마음을 가다듬어서 바르고 합당하게 갖추어지는 소위 도리에 맞는 인간의 품성이나 또는 넉넉하고 여유로우면서도 합리적이고 타당한 주장 정도의 일반적인 표현으로 이해에 도움이 될 수 있었으면 한다.

29

君子喩於義 小人喩於利
군 자 유 어 의   소 인 유 어 리

군자의 의로움에 밝고

소인은 눈앞의 이익에 밝다

〈이인편〉

君(임금 군, 부모 군) **子**(아들 자, 새끼 자)
喩(깨우쳐줄 유, 깨우칠 유) **義**(옳을 의, 의로울 의) **人**(사람 인)
於(어조사 어, 기댈 어) **利**(이로울 리)

글자대로 풀이해보면 '군자는 의에서 깨닫고 소인은 이(利)에서 깨닫는다'는 말이 된다. 물론 군자라고 이익을 원하지 않는 것은 아니겠지만 군자가 얻을 수 있는 이익은 바르고 떳떳한 의로움이 전제되어야 한다는 얘기이고 대체적으로 소인은 이것저것 따질 것 없이 사적인 욕심에 의한 이익에만 눈독을 들이게 된다는 말이다.

우리는 일상적인 생활을 하면서 늘 선택하는 일을 만나게 된다. 그럴때마다 그 선택의 기준은 다른 사람의 말이나 간섭보다 자기 자신의 마음으로 결정하게 되는 경우가 대부분이다. 그러니까 여기에서 말하는 의로움은 대체적으로 선하면서도 순순한 마음이고 이익을 추구하는 마음은 옳고 그름을 따지기보다 물질적이고 가시적으로 보탬이 되는 욕심을 이른다고 보아야 할 것이다.

군자가 찾고자 하는 의로움을 어짊(仁)을 실천하는 구체적인 방법이라고 본다면 소인이 생각하는 이(利)로움은 흔히 쓰는 말로 이익이나 재물에 의한 욕망의 충족 수단이나 방법이라고 구분해도 되지 않을까 하는 생각이 든다.

30

朝聞道 夕死可矣
조 문 도　 석 사 가 의

아침에 도를 들으면

저녁에 죽어도 한이 없다

〈이인편〉

朝(아침 조, 조정 조) **聞**(들을 문) **道**(길 도, 다스릴 도) **夕**(저녁 석, 밤 석) **死**(죽을 사, 죽음 사) **可**(옳을 가, 들을 가) **矣**(어조사 의)

도를 듣는다는 것은 도를 알게 되고 진실을 깨닫는다는 말로 이해 할 수 있다. 여기서 말하는 도(道)란 사람의 길이며 사람다운 길이고 사람이라면 마땅히 가야할 길이라고 생각해야 할 것이다.

쉽게 말해서 도를 길이라고 본다면 사람이나 자동차나 제각각 정해진 길로 가야지 제 길을 벗어나면 문제가 생기기 마련이다. 마찬가지로 우리 천체 자연의 만물 또한 저 마다의 길이 있기 때문에 지구를 비롯한 태양계의 모든 행성이 한 치의 오차도 없이 수 억 만년을 태초부터 정해진 길을 돌고 있듯이 사람도 소나 개와 같은 짐승이 가야할 길을 가지 않고 인간으로서의 가치가 구현될 수 있는 사람의 길을 가야한다는 생각을 존중할 수 있는 것이 바로 도를 깨닫고 알게 되는 일이라고 보아야 할 것이다.

따라서 도는 사람이 사람으로써 사람다운 삶을 살아가기 위해 존재하는 것이므로 오직 사람에 의해서만 실현될 수 있는 진리라고 할 수 있겠다.

31

不以其道 得之

불 이 기 도   득 지

소중한 것도 정당한 방법으로 얻어야지
구차하게 취하려 해서는 안 된다

〈이인편〉

不(아니 불, 아닌가 부) **以**(써 이, 써할 이) **其**(그 기, 어조사 기)
道(길 도, 다스릴 도) **得**(얻을 득, 탐할 득) **之**(갈지, 이를지)

우리가 살아가는데 꼭 필요하고 소중한 것이라 할지라도 바르고 정당한 방법과 과정을 거쳐서 얻어야지 구차하게 취하려 해서는 안 된다는 뜻이다.

공자는 이 말과 연관 지어 부유함이나 귀함은 누구나 다 같이 원하고 바라는 바이지만 정당하고 떳떳한 절차와 방법을 찾아 바른 도리에 맞게 얻어야 할 것이라 했다. 또한 가난함이나 비천함은 모두가 싫어하는 일이나 그렇다고 도리에 어긋나게 비굴함을 무릅쓰고 벗어나려는 자세는 바르지 못함을 깨우치게 하고자 하는 뜻에서의 가르침이라 할 것이다. 공자께서는 부귀빈천보다 바르고 정당한 도리에 더 큰 비중과 가치를 부여했다고 할 수 있을 것이다.

정말 가치 있는 삶을 살려면 그것 때문에 겪어야하는 가난이나 비천한 처지를 억지에 의한 부정한 방법으로 피하려고만 하지 말고 감내할 수 있는 정신적 수양과 여유를 가질 수 있는 군자의 자세를 부각시키려 하였던 것으로 보인다. 그래서 오늘날의 생활상이나 가치관에서 볼 때 유학이나 공자의 사상이 현실에 맞지 않는 고담준론 정도로 등한시 하려는 경향이 일게 되는 것일 수도 있다.

32

惟仁者 能好人 能惡人
유 인 자   능 호 인   능 오 인

오직 어진사람이라야 남을

좋아 할 수 있고 또 미워할 수도 있다

〈이인편〉

惟(오직 유, 생각할 유) **仁**(어질 인, 사랑할 인) **者**(사람 자, 것 자)
能(재능 능, 능할 능) **好**(아름다울 호, 좋을 호) **人**(사람 인, 남 인)
惡(모질 악, 미워할 오)

도대체 어진사람이란 어떤 사람을 말하는가. 아마도 어진사람이란 공자가 자주 쓰는 군자를 지칭하는 말이 아닌가 하는 마음에서 대체적으로 자기 자신만의 이익을 탐하고자하는 자만심에서 벗어나 편견이 없으며 다른 사람의 입장이나 행복까지 생각하면서도 약자를 배려하겠다는 마음으로 모든 사람들을 위한 포용이나 정의를 실천할 수 있는 인격과 품성을 지닌 사람이라고 이해되어야 하지 않나하는 생각을 해본다.

사람은 누구나 착한 사람을 좋아하고 악한 사람은 미워하기 마련인데 여기에서 분명하게 강조하고자 하는 점은 미워하고 좋아하는 행동이 사사로운 감정에 의해 좌우되지 않고 어진 마음이라는 객관적인 기준을 확실하게 하여야 한다는 뜻으로 보아야 할 것이다.

즉 어진 사람도 사람을 사랑으로 친절하게 대하거나 사람을 미워하며 멀리하기도 하는데 그것은 일반적으로 사람이 갖고 있는 악한 마음을 경계하는 일이라고 보아야겠다.

33

見不賢而內自省也

견 불 현 이 내 자 성 야

현명하지 못한 사람을 보면 마음 속으로

자신을 돌아보고 반성해야 한다

〈이인편〉

見(볼 견, 보일 현) **不**(아니 불, 아닌가 부) **賢**(어질 현, 나을 현)
內(안 내, 몰래 내) **自**(스스로 자, 몸 자) **省**(살필 성, 깨달을 성)
也(어조사 야)

이 문구 앞에 있는 견현사제언(見賢思齊焉) 즉 어진사람을 보면 나 자신도 그 사람과 같아지기를 생각한다는 말과 이어지는 문장이다. 사람은 누구나 그 사람 나름대로의 장점이나 단점이 있기 마련인데 그러한 장점과 단점을 거울삼아 나 자신과 비교하며 나의 잘못된 점을 바로 잡을 수 있는 슬기가 필요하다는 뜻으로 이해하여야 할 것이다. 그러니까 자기의 생각이나 몸가짐보다 어리석고 바르지 못한 행위를 하는 사람이라도 그것을 자기반성의 계기로 삼을 수 있다면 비록 나보다 지혜롭지 못한 사람일지라도 내게는 스승이 될 수 있다는 말이다.

누구나 대체적으로 매사에 뛰어나게 훌륭하다고 소문난 사람을 보면 그 사람을 본 받아 자신도 그와 같은 사람이 되고 싶어 하는 마음을 갖게 된다.

반면에 바르지 못한 생각이나 행동으로 모든 사람들의 지탄을 받는 사람에게는 등을 돌리며 가까이 하고 싶지 않은 마음이 들기 마련이다. 그래서 바로 그러한 마음을 지적하며 다른 사람들의 나쁜 말이나 행동에서의 옳지 못한 점이 혹시 나 자신에게도 있지 않나 하는 반면교사(反面教師)로 삼을 수 있는 기회가 되어야 할 것이라는 말로 이해되어야 할 것이다.

34

不患無位 患所以立
불 환 무 위　환 소 이 립

지위가 없음을 걱정하지 말고

무엇을 가지고 자리에 설 지를 걱정하라

〈이인편〉

不(아니 불, 아닌가 부) 患(근심할 환, 병 환) 無(없을 무, 아닐 무)
位(자리 위) 所(바 소, 곳 소) 以(써 이, 쓸 이) 立(설 립, 세울 립)

사회적으로 선망의 대상이 되는 높은 지위에 있지 못한 것을 걱정하기 보다는 그와 같은 자리에서 어떠한 일이든 감내하며 처리 할 수 있는 능력을 기르는 노력과 준비가 앞장서야 한다는 뜻으로 풀이 되는 말이다.

사람은 누구나 자신의 능력을 믿고서 무엇이든지 해낼 수 있다는 자신감을 가질 때 진정한 행복을 느낄 수 있을 것이다. 그러기 위해서는 평소에 어떠한 벼슬이나 지위를 탐내기에 앞서 자신의 실력을 기를 수 있는 심신의 수양과 연마를 위한 지속적인 노력을 게을리 하지 말아야 할 것이다. 그러니까 자신의 실력과 능력을 먼저 탄탄하게 쌓은 후에 사회적으로 소위 말하는 출세하기를 바라는 자세를 강조하는 말이라 하겠다.

누구든 기초가 제대로 서면 나아갈 길은 자연스럽게 열리기 마련이므로 자율적으로 성공할 수 있는 사람은 기초부터 흔들림 없도록 다지는 노력에 힘쓴다는 사실을 새롭게 하여야 할 것이다.

35

放於利而行 多怨

방 어 리 이 행   다 원

자기에게 이익이 되는 일만 찾아서 행동하면
다른 사람들의 많은 원망을 살 수 있다

〈이인편〉

放(놓을 방, 의할 방) **於**(어조사 어) **利**(이로울 리) **而**(말이을 이) **行**(다닐 행, 행할 행) **多**(많을 다, 나을 다) **怨**(원망할 원, 원한 원)

세상일은 모두가 한결같지 않아서 자기에게 이롭게 하기 위해서는 상대편이나 다른 사람에게는 불리하고 해를 끼칠 수도 있기 때문에 자연스럽게 많은 원한이 생기게 된다는 뜻으로 이해하여야 할 것이다.

인간은 누구나 스스로의 생명을 유지하고 종족을 보존시킬 뿐 아니라 살아있는 동안 편안하면서도 우월감을 느끼고자 하는 욕구충족의 본능이 있기 때문에 그를 위한 부단한 활동과 노력이 바로 삶을 영위하는 일이라 할 수 있겠다. 그러나 당초부터 사회적 동물로 태어난 인간이기 때문에 삶 그 자체가 바로 다른 사람들과 끊임없이 연결되는 온갖 관계에서 벗어날 수가 없는 일이다.

그 관계는 나에게 이익이 되고 보탬이 되는 일도 있으나 경우에 따라서는 나에게는 손해가 되고 불리하지만 반면에 관계있는 다른 사람에게는 이로울 수 있는 일들도 있기 마련이다.

그래서 나의 손해로움을 감내하고 타인의 이로움을 이해하며 수용할 수도 있어야 사회공동체의 근간이 유지된다는 생각 또한 가볍게 넘기지 말아야 할 것이다.

36

父母在 不遠遊 遊必有方
부 모 재　불 원 유　유 필 유 방

부모님이 살아계실 때는

먼 여행은 하지 말 것이며

부득이 할 경우라도

반드시 가는 곳을 알려드려야 한다

〈미인편〉

父(아비 부) 母(어미 모) 在(있을 재) 不(아니 불) 遠(멀 원)
遊(여행 유) 必(반드시 필) 有(있을 유) 方(모 방, 방위 방)

공자의 시대에는 자식은 항상 부모의 슬하에서 어버이를 모셔야 한다는 마음을 갖고 먼 길 여행을 삼가되 부득이 부모 곁을 떠나 나다니는 일이 있더라도 반드시 가는 곳과 하는 일을 상세하게 알려드려 부모님께서 궁금해 하거나 걱정하는 일이 없도록 하여야 한다는 자세를 강조하였던 것으로 미루어 알 수 있겠다.

그 말은 오늘날에도 어디를 가든 부모님과 자주 연락을 주고받으며 부모님의 건강이나 생활하는 상태를 파악하여 유사시에 신속하게 대처할 수 있도록 하여야 한다는 뜻으로 이해하고 받아드려야 할 것이다. 우리가 흔히 효도라고 말하는 부모님을 생각하는 마음은 가시적이고 물질적인 봉양보다는 부모님이 생각하고 있는 속마음을 헤아리는 것을 첫째로 삼아 부모님의 심기가 불편하지 않도록 해야 할 것이다.

부모가 자식을 걱정하고 자식이 부모의 마음을 헤아려가며 보살펴 드리겠다는 마음을 갖는 것이 바로 전통적 동양윤리의 기본이고 건전한 가족관계의 원천이 된다는 생각을 굳건히 해야겠다.

37

以約失之者鮮矣

이 약 실 지 자　선 의

언행을 삼가하고 조심하면

잘못이나 실수를 하는 일이 드물다

〈이인편〉

以(써 이, 할 이) **約**(검소할 약, 묶을 약) **失**(잃을 실) **之**(어조사 지)
者(사람 자) **鮮**(고을 선, 적을 선) **矣**(어조사 의)

이 말은 말을 삼가하고 행동을 조심하여 신중하게 함으로써 실수하거나 잘못을 저지르는 일을 면할 수 있다는 가르침이다. 반대로 생각하면 사람은 모든 과실이나 실수의 화근이 언행의 신중치 못한데서 온다는 뜻으로 이해하여도 될 것이다.

　사람이 서로 소통하며 공감할 수 있는 수단 중 가장 중요하고 우선시 되는 것이 바로 언어에 의한 대화를 나누는 일이라 할 수 있겠다.

　각자가 생각하는 본질이 흐려지지 않고 정확하게 상대에게 전달되게 하려면 명확하고 분명하면서도 신중하게 마음속에 있는 바를 표현하여야 할 것이다. 그러나 이 과정에서 실수나 지나침으로 인해 오히려 화근이 될 수 있음은 예나 지금이나 흔하게 있는 일이다. 때문에 공자께서도 화려한 말의 수식이나 억지로 꾸며지는 얼굴 표정 등으로 본질을 흐리게 해서는 안 된다는 사실을 논어에서 여러 번 강조하고 있다.

　여기서의 약(約)은 검약(儉約)이나 절약(節約) 등으로 해석되는데 경제적으로 아낀다는 뜻 뿐 아니라 말이나 행동을 조심한다는 의미도 있어 무슨 일이건 늘 신중하게 행동하여야 한다는 뜻을 갖고 있다.

38

古者言之不出 恥躬之不逮也
고 자 언 지 불 출　치 궁 지 불 체 야

옛 사람들이 함부로 말하는 것을 삼가한 것은 말대로 실천 못하는 것을 부끄럽게 생각했기 때문이다

〈이인편〉

古(예 고) 者(사람 자) 言(말씀 언) 之(아니 불) 出(나갈 출)
恥(부끄러울 치) 躬(몸 궁) 之(어조사 지) 逮(쫓을 체) 也(어조사 야)

'옛 사람들은 말하는 것을 함부로 하지 않고 삼가 하였으니 자신이 한 말대로 몸소 실천이 뒤따르지 못하는 것을 부끄럽게 생각했기 때문이다'라고 풀이된다.

 여기에서 옛 사람이란 2500여년전 공자가 살던 춘추시대보다 훨씬 앞선 시절을 지적하는 것일테니 아마도 공자가 몸담고 있던 춘추시대의 혼란스러움을 표현하고자 하는 뜻이 있었던 것으로 볼 수 있겠다.

 사람은 누구나 자기의 행실이 자신이 한 말과 일치되지 못할 경우에는 비록 겉으로 표현하지 못하거나 변명의 구실을 찾으려 하지만 내면적 양심으로는 부끄러움을 느끼기 마련인데 그것이 바로 맹자(孟子)가 주장한 수오지심(羞惡之心)이라 할 수 있을 것이다.

 그래서 군자와 같이 양식(良識)과 인격을 갖춘 사람들은 말하는 것을 어렵게 생각하며 일단 말을 하면 그 말에 대하여 책임과 신뢰를 잃지 않도록 신중하게 처신코자 하였던 것이다. 그러니 말과 행동이 일치하고 그 말에 대하여 책임질 수 있는 사람이라면 그에게서 쉽고 경솔하게 말이 나올 수 없음은 당연한 일이다.

39

敏而好學不恥下問

민 이 호 학   불 치 하 문

배우기를 좋아하고

아랫사람에게라도 묻는 것을

부끄럽게 여기지 않는다

〈공양장편〉

敏(민첩할 민) 而(말이을 이) 好(좋을 호) 學(배울 학) 不(아니 불)
恥(부끄러움 치) 下(아래 하) 問(물을 문)

문(文)이라는 시호(諡號: 생존 시의 공덕을 기려 사후에 나라에서 내려지는 이름)와 관련된 제자 자공의 물음에 대해 공자께서 대답한 내용이다.

공자가 사람으로 태어나 배움을 좋아하는 삶의 자세를 매우 중요하고 대단하게 생각하여 모르는 것을 배우고 알기 위해서는 신분이나 나이가 아래에 있는 사람에게라도 묻고 배우는 일을 부끄러워하지 말아야 함을 강조하신 뜻이라 생각된다.

태초부터 인간은 미완성의 존재이기 때문에 아무리 공부를 많이 하고 수련한다 해도 세상의 모든 일을 다 알고 지낼 수는 없다. 그러므로 모르는 것을 알기 위해 끊임없이 묻고 탐구하는 노력이 뒷받침하는 생활이 지속 되어야 할 것이다. 그러기 위해서는 쓸데없는 자존심 때문에 조금 알고 있는 것을 다 알고 있는 것처럼 부풀리고 교만해지는 일을 철저해 경계하고 모르는 사항을 남에게 물어 보는 일을 조금도 부끄럽거나 수치스럽게 생각하지 말아야 할 것이다.

반면에 자기가 확실히 알고 있는 사실에 대하여 다른 사람이 물어온다면 숨김없이 자상하게 가르쳐주는 일 또한 소홀히 생각해서는 안 되는 일이다.

40

老者安之 朋友信之 少者懷之
로자안지 붕우신지 소자회지

노인은 편안하게

친구와는 신뢰를

젊은이는 품어줘라

〈공야장편〉

老(늙을 로, 어른 로) 者(사람 자, 것 자) 安(편안할 안, 어찌 안) 之(갈 지, 어조사 지) 朋(벗 붕) 友(벗 우) 信(믿을 신) 少(적을 소) 懷(품을 회)

'집안에서는 노인들을 편안하게 해드리고 나아가서는 친구지간에 믿음이 갈 수 있도록 신의를 가지고 사귀며 젊은이들의 생각을 이해하고 품어준다'는 뜻으로 풀이하면 되겠다.

물론 공자의 이 말은 단순히 노인들을 편안하게 하고 동료들에게 믿음을 주며 젊은이들을 도와준다는 말보다는 과거를 잊지 않고 현재와 미래가 공존하면서 서로 이해하고 발전적인 앞날을 도모한다는 거시적인 의미와 어른을 섬기며 연약한 어린이들을 보살피고 도와준다는 효(孝)스러운 마음과 약(弱)한자를 생각하는 오늘날의 복지(福祉)개념까지 포함되어 있다고 보아야 할 것이다.

사실 지금보다 무려 2500년이나 앞선 시대에서의 공자가 기대하며 그려보던 인간의 생활상이다.

그와 같이 사람들이 서로 믿고 의지하며 노인이나 어린이를 비롯한 힘없는 사람이나 약한 사람이 모두 편안하게 잘 살 수 있는 세상이었다면 오늘날 사회적 취약계층에 있는 사람들이 소외감을 느끼지 않는 평등한 인간으로서의 권리와 행복을 누릴 수 있도록 사회구현의 추구를 당연한 의무로 생각하며 소홀히 하지 않을 것이라는 생각이 든다.

41

智者樂水仁者樂山
지 자 요 수   인 자 요 산

지혜로운 사람은 물을 좋아하고

어진사람은 산을 좋아한다

〈옹야편〉

智(알지, 알림 지) **者**(사람 자, 놈 자) **樂**(즐길 락, 좋아할 요)
水(물 수, 수성 수) **山**(메 산, 산신 산)

지혜로운 사람일수록 활동적이고 어진사람일수록 고요하다는 뜻으로 이해할 수 있다. '락'(樂)이라는 한자는 '악' 또는 '낙'으로도 발음하면서 대체적으로 '즐긴다' '즐거워한다'는 뜻으로 사용한다. 하지만 여기에서는 '좋아한다'는 의미에서 '요'자로 쓰이고 있음을 유의해야겠다. 따라서 지자(知者)와 인자(仁者)의 대조적인 성격을 비교해서 표현된 대표적 문장이라 할 수 있다.

공자께서는 거침없이 흘러가는 물의 유동적인 모습에서 지자의 멈추지 않는 유연함을 찾았고 또한 언제나 변함없이 의연하게 그 자리를 지키고 있는 산과 같은 인자의 올곧은 자세를 제자들에게 깨우치도록 하였던가 보다. 아마도 물이나 산과 같이 대조적으로 지혜로운 사람과 어진사람의 세상을 살아가는 삶의 태도가 극명하게 구분 짓는 현상을 달리 비교되기가 쉽지 않을 것이다.

물과 산은 그 형상이나 내면적 역할에서 절대로 혼합될 수 없는 이질적 존재다. 반면에 서로가 어느 한쪽이 없어지면 나머지 한쪽도 본래의 기능을 발휘하거나 제대로 된 형태를 유지 할 수 없게 되는 게 자연의 이치다. 산과 물은 서로 다른 존재이면서도 분리되지 않고 상생하며 공존(共存)한다는 사실을 잊지 말아야 할 것이다.

42

知之者不如好之者,
好之者不如樂之者

지 지 자 불 여 호 지 자
호 지 자 불 여 락 지 자

아는 사람은 좋아하는 사람만 못하고

좋아하는 사람은 즐기는 사람만 못하다

〈옹야편〉

知(알 지, 알리 지) **之**(갈 지, 이을지) **者**(놈 자, 사람 자)
不(아니 불, 아닌가 부) **如**(같을 여, 같이할 여)
好(좋을 호 좋아할 호) **樂**(즐길 락, 풍류 악)

알면서 좋아하지 않는 것은 앎이 지극하지 못한 것이고 좋아하면서 즐기는 경지에 이를 수 없음은 그 좋아하는 정도가 충분하지 못해서 일 것이라는 의미다.

사람은 처음 태어날 때부터 무엇인가 알려고 하는 본능이나 습성을 지녔다고 보아도 무리한 견해하라 할 수 없을 것이다. 왜냐면 일단 이 세상에 태어나서 일생동안을 살아가려면 삶에 필요한 모든 것을 알아야하기 때문이다.

그래서 모르면 궁금하고 모르면 답답하고 모르면 불안함을 떨칠 수 없기에 알고자 하는 욕구가 우리 인간의 마음에서 떠날 수 없다고 본다.

물론 식자우환(識字憂患)이나 아는 것이 병이라는 말도 있지만 그것은 사람이 알고자하는 마음의 극히 일부로 어쩌다 있을 수 있는 일이라고 보아도 무방할 것이다.

다만 공자께서 말씀하신 아는 것과 좋아하는 것과 즐긴다는 뜻은 삶의 기본이 되는 앎, 즉 지식의 중요함을 강조하면서 배우고 탐구하는 노력을 게을리 하지 말고 그렇게 얻어진 지식을 보람스럽고 소중하게 생각하며 일상생활에 유용하게 활용해야 할 것이라는 의도가 있지 않았나 하는 생각이 든다.

43

不遷怒 不貳過

불 천 노   불 이 과

노여움이나 분노를 겉으로 드러내지 않고
같은 실수나 잘못을 반복하지 않는다

〈옹야편〉

不(아니 불, 아닌가 부) 遷(옮길 천, 천도 천) 怒(성낼 노, 기세 노)
貳(두 이, 두마음 이) 過(지나칠 과, 잘못할 과)

분노의 주체는 오로지 자기 자신이어야지 내 속에서 나는 화로 인해 다른 사람의 마음을 상하게 하는 일은 정상적이고 올바른 인격을 가진 사람이 할 일은 아니다.

분노를 다른 사람에게 까지 옮기거나 같은 잘못을 되풀이하는 것은 평소에 스스로 마음을 다스리지 못하고 인품에 흠결이 있어서 나타나는 결과로 볼 수 있다. 분노나 잘못된 습관을 마음에 담아두고 반복해서 실수나 잘못을 저지르는 것은 어딘가 마음이 온전치 않음을 의미한다고 볼 수 있을 것이다.

일반적으로 우리가 노여움을 옮긴다고 하는 것은 분노한 감정의 찌꺼기가 마음 한 구석에 남아 있기 때문에 일어나는 현상이라 하겠다. 그 마음속에 남아 있는 노여운 감정의 일부가 탈출구를 찾다가 엉뚱하고 애매모호한 곳으로 분출되어 나오기 때문에 노여움이 옮겨지는 현상이라고 보아야 할 것이다.

우연히 옆에 있다가 날벼락 맞는다고 애꿎은 사람에게 화풀이 하는 일이 우리 주변에 흔히 볼 수 있기 때문에 이를 지적하는 말이라고 본다.

44

力不足者 中道而廢
역 부 족 자   중 도 이 폐

힘이 부족한 사람은 일단 시작을 해도

중간에서 그만두게 된다

〈옹야편〉

力(힘 력, 힘쓸 력) **不**(아니 불, 아닌가 부) **足**(발 족, 족할 족)
者(놈 자, 사람 자) **中**(가운데 중, 마음 중) **道**(길 도, 인도할 도)
而(말이을 이) **廢**(폐할 폐, 못쓰게될 폐)

힘이나 역량(力量)이 부족한 사람은 일단 시작을 해서 나아가다가 중간에서 포기하고 그만두게 된다는 말이다. 이는 더하고 싶어도 힘이 부족함으로 인해 어쩔 수 없이 완성할 수 없게 됨을 이른다.

여기에서 공자는 힘이 부족하다는 예단(豫斷)만 갖고 일을 시작해보지도 않거나 시작만하고 포기하는 소극적인 태도를 지적하기 위하여 한말이었음을 이해하여야 할 것이다. 아마도 공자의 제자들 중에는 처음에 공부하고 싶다는 열망으로 공자의 문하생으로 들어왔지만 시간이 지나면서 여러 가지의 이유로 중도에 포기하고 떠나는 사람들도 적지 않았기에 그와 같은 사람들의 마음을 술회하였을 것이라는 생각을 해본다.

생명이 있는 모든 만물은 다 그러하겠지만 특히 사람은 하고 싶은 일들도 많기 마련이다. 그 중에서도 특별하게 뜻을 갖고 이루고자 하는 일은 자신의 역량을 감안하며 일단 시작할 수 있는 용기와 추진과정에서의 제반 어려움을 제쳐가며 나갈 수 있는 강인한 투지가 최종적 성공의 보람을 느낄 수 있는 기본적 요소라고 할 수 있을 것이다.

45

文質彬彬

물 질 빈 빈

꾸밈새와 본바탕의 조화로운 결합

〈옹야편〉

文(글월 문, 꾸밀 문) **質**(모양 질, 바탕 질) **彬**(빛날 빈, 밝을 빈)

겉으로 나타나는 화려함과 속으로 품고 있는 내용의 질박함이 고르게 균형을 갖추고 어우러진다는 뜻이 담긴 말이다.

여기에서의 문(文)과 질(質)은 사람의 꾸밈새와 본바탕이라는 두 가지 특성을 의미하기도 하지만 한편으로는 화려한 인공적 아름다움과 소박하면서도 진솔한 자연미로 구분되는 것과 같은 뜻이 있다고 이해하여야 하겠다.

사람에게는 누구나 태어나면서 갖는 소위 천성(天性)이라고 하는 본바탕과 태어난 뒤에 이것저것 배우고 느끼면서 갖추게 되는 후천적 꾸밈새를 갖기 마련이다. 문제는 이 같은 선천적인 본성과 태어난 뒤에 가꾸어지는 후천적 요인이 어떻게 조화와 균형을 이루느냐에 따라 한사람의 지혜와 품성이 좌우될 수 있다는 것이다.

아무리 깊은 지식과 좋은 생각이라도 마음 속에만 묻고 표현하지 않는 것도 문제지만 풍선처럼 속은 텅 비어있으면서 실속 없이 겉모습만 번지르하게 가꾸는 것 또한 바람직하지 못한 일이다. 따라서 본질의 근원이 되는 마음과 표현의 기본이 되는 가꾸고 꾸밈의 겉모습이 잘 어우러질 수 있는 균형이 중요하다는 뜻이 되겠다.

46

人之生也直, 罔之生也幸而免

인 지 생 야 직 망 지 생 야 행 이 면

인생은 정직해야 한다

정직하지 않다면

운좋게 화를 면하고 있을 뿐이다

〈옹야편〉

人(사람 인) 之(어조사 지) 生(날 생) 也(어조사 야) 直(곧을 직)
罔(그물 망, 속일 망) 而(어조사 이) 免(벗어날 면)

"인간의 천성(天性) 즉 삶의 이치는 정직한 것이다. 망(罔)이란 진실 되거나 곧지 않음을 의미하는데 속이거나 정직하지 않으면서도 살아가는 사람이 있다는 것은 요행스럽고 재수 좋게 화(禍)를 면하는 것일 뿐이다"라고 풀이되는 말이다.

 사람이 하늘에서 처음으로 생명을 얻는 것은 곧고 바른 하늘의 이치에 따른 것이므로 인생은 필연적으로 옳고 바른 이치대로 살아가야 하나 간혹 정직하지 못한 사람이 바른 이치를 무시하며 위세를 떨치는 것은 결코 필연이 아니고 우연이며 요행으로 혜택을 받고 있는 것이기 때문이니 우연한 요행을 바라거나 거짓으로 남들을 속이려 하지 말고 언제나 바르고 정직하게 살아야 함을 강조하는 말이라 하겠다.

 비록 복잡하고 혼란스러운 세상일지라도 사람들이 이 세상에서 평안하고 행복스러운 삶을 추구할 수 있다는 것은 바르고 정직한 도리를 지키고자 하는 마음을 갖고 있기 때문이라고 하겠다.

47

不憤 不啓
불 분   불 계

스스로 분발하여 하고자하는

욕구와 열정이 없다면

어떠한 가르침도 소용이 없다

〈술이편〉

不(아니 불, 아닌가 부) **憤**(결낼 분, 분할 분) **啓**(열 계, 열릴 계)

여기에서 분(憤)은 이해와 납득이 되지 않을 때의 초조한 마음으로 무지에서 오는 답답함 때문에 소위 뿔이 나는 상태로 이해하면 좋을 것 같다. 그러니까 하고자 하는 사람 스스로의 강한 의욕이나 열정이 없다면 소망하는 대로의 결실도 없을 것이므로 가르침을 받는 쪽에서 더욱 더 배우고 터득하려는 노력이나 열정이 없는 사람에겐 아무리 가르쳐 주려해도 성과를 거둘 수 없다는 뜻으로 이해하여야 할 것이다.

목마른 사람에게 물을 주어야 고마움을 알 뿐만 아니라 그 물을 마시는 사람은 마른 목을 축이며 시원함을 느낄 수 있지만 물을 마시고 싶은 의향이 없는 사람한테는 그냥 흔하게 볼 수 있는 한 그릇의 물로 밖에 여겨지지 않을테니 어찌 물에 대한 귀하고 고마움이 느껴지겠는가. 흔히 소크라테스의 대화법을 산파술과 비교하는데 그의 대화법이 아기 낳는데 비유되기 때문이다. 산파(産婆)는 아이를 낳을 때 아이를 받고 산모를 도와주는 역할을 할 뿐이고 직접 아이를 낳는 일은 산모의 절대적 노력과 인고(忍苦)가 뒤따라야 하기 때문에 나온 말이라 하겠다.

48

發憤忘食
발 분 　 망 식

분발하는 마음으로 인해

밥 먹는 일도 잊어 버린다

〈술이편〉

發(떠날 발, 일어날 발) **憤**(결낼 분, 분할 분) **忘**(잊을 망, 건만증 망)
食(먹을 식, 먹일 사)

사람이 온 정신과 전력을 다하여 어느 일에 몰입하다 보면 밥을 먹는 일이나 잠자는 일도 잊어버리게 됨을 이르는 말이라 하겠다.

스승공자가 제자 자로에게 한 말인데 그 사람의 됨됨이는 열중할 일이 생기면 먹는 것도 잊고 즐거운 일이 있으면 세상 근심도 잊어버리고 늙는 것도 알지 못할 정도라고 한데서 나온 말이다.

여기서 그 사람이란 공자 자신을 지칭하는 뉘앙스가 있어 아마도 공자께서 스스로 자기 자신을 드러내 소개하기 위한 표현이라고 풀이 되고 있다.

예부터 세상을 살아가는데 먹는 것이 가장 중요하고 절대적인 일이라고 생각하여 이식위천(以食爲天)이라 하며 먹는 식량 등을 하늘과 같이 여길 정도로 먹는 일이 우리 생활에서 큰 비중을 차지하고 있음은 누구나 인정하는 사실이라 할 것이다.

그러함에도 공자께서는 사람에게 가장 중요하게 여기는 밥 먹는 일을 넘어 설 수 있는 또 다른 경지가 있다는 점을 돋보이게 하기 위한 의도가 있었다는 점을 간과해서는 안 될 것이다.

49

不知老之將至

부 지 로 지 장 지

일에 집중하고 바쁘게 살다보면

세월 가는 줄도 못 느끼고

근심걱정을 잊어버리게 된다

〈술이편〉

不(아니 불, 아닌가 부) **知**(알 지, 알릴지) **老**(늙을 로, 어른 로)
之(갈 지, 이를지) **將**(장수 장, 기를 장) **至**(이를 지, 지극할 지)

이 문장 앞에 나오는 락이망우(樂以忘憂)라는 말과 연결되는 내용으로 "누구나 자기하는 일에 집중하고 바쁘게 살다보면 세월 가는 줄도 못 느끼고 근심걱정을 잊어버리고 지내게 된다"는 뜻으로 풀이 된다. 본래부터 공자께서는 자신이 배우기를 좋아해서 무엇을 배우고 공부할 때는 먹는 것도 잊어버리고 세상근심과 늙는 것도 알지 못한다는 말을 할 정도로 배움에 열중했다고 전해 온다.

사실 사람이 살아가면서 어느 한 가지 일에 몰입하다보면 힘들고 어려운지도 모르며 시간이 흐르고 날자 바뀌는 것도 잊고 지내는 경험을 하게 되는 경우가 종종 있게 된다. 요즘도 농촌에서는 논이나 밭에서 일에 열중하다보면 해가 지는 줄도 모르고 그 시간만은 집안에 있는 아픈 가족의 병 수발하는 일이나 군에 간 아들의 걱정도 잊으며 오로지 눈앞에 보이는 일에만 온정신을 쏟게 되는 현상을 자주 접할 수 있다.

그만큼 사람들의 일상생활은 언제나 걱정과 근심이 뒤따르기 마련이고 그와 같은 근심과 걱정을 잊거나 최소화해가면서 살아 갈 수 있는 길을 찾는 것은 현명하고 슬기로운 삶의 자세라 할 수 있을 것이다.

50

難乎有恒矣

난 호 유 항 의

사람이 변하지 않고

언제나 한결 같은

마음을 갖기란 어렵다

〈술이편〉

難(어려울 난, 근심 난) **乎**(그런가 호, 어조사 호) **有**(있을 유, 가질 유) **恒**(항상 항, 항구이 항) **矣**(어조사 의, 말 그칠 의)

이 말에 앞서 망이위유(亡而爲有), 허이위영(虛而爲盈), 약이위태(約而爲泰)와 연결된 말로 같이 해석해보면 이해가 쉽게 될 것이다. 공자께서 사람들이 없으면서도 있는척 하고 비어있으면서도 가득하게 차 있는 척하고 적으면서도 많은 척하는 경향이 많은데 주변에 부화뇌동하며 이리저리 마음을 바꾸지 않고 항상 일관된 마음을 갖는다는 것은 어려운 일임을 지적하셨다고 본다.

비록 착한 사람은 되지 못할망정 마음이 언제나 꿋꿋하고 한결같은 사람은 되어야한다는 뜻으로 받아들여야 할 것이다.

동양고전의 으뜸이라 할 수 있는 주역(周易)에는 세상에 변하지 않는 것은 없으며 굳이 변하지 않는 진리를 찾는다면 세상의 모든 것은 다 변한다는 사실이라는 말이 있다. 그렇게 본다면 사람도 '변하지 않는 마음'(항심. 恒心)을 갖는다는 것은 결코 쉽지 않은 것이 우리네 삶의 현실이라 할 것이다. 그렇기 때문에 공자께서도 오로지 선한 사람을 내가 만날 수 없다면 차라리 언제나 마음을 한결같이 하고자 하는 사람이라도 만날 수 있으면 좋겠다고 하셨던가 보다.

51

不語怪力亂神

불 어 괴 력 난 신

괴상하거나 힘을 앞세우거나

이치에 맞지 않는 일

귀신을 내세우는 말은 하지 않는다

〈술이편〉

不(아니 불, 아닌가 부) **語**(말할 어, 알릴 어)
怪(의심할 괴, 기이할 괴) **力**(힘 력, 힘쓸 력)
亂(어지러울 란, 난리 란) **神**(귀신 신, 신선 신)

공자께서는 "사리에 맞지 않는 괴상한 일이나 용맹을 앞세워 폭력을 쓰는 일과 이치에 어그러지고 어지러운 일 그리고 귀신을 내세우는 말은 하지 않았다"는 뜻으로 이해할 수 있다.

세상일에 누구에게나 떳떳하고 구김살이 없다고 할 수 있는 성인의 입장에서 본다면 괴상망측하고 허황스러운 말로 사람들을 현혹시키려 하거나 용맹스러움이나 강한 힘으로 우격다짐하는 일과 의도적으로 혼란스럽고 어지럽게 하는 일, 거기다 더해서 귀신을 내세워 억지를 부리려는 일들은 분명히 정당하고 바르지 못하다는 생각이 확고하였을 것이므로 아예 그와 관련된 말은 입에 담지 않았을 것이라고 본다.

더욱이 귀신은 온갖 조화의 근원이 된다고 사람들은 생각하고 있으니 지극한 이치를 궁구하는데 쉽사리 밝히지 못할 것이 있을 것이므로 가볍게 귀신얘기를 하지 않았을 것으로 여겨진다.

우리가 살아가는데 벗어날 수 없는 사회라는 공동체에서 서로 간의 관계를 연결시켜주는 말과 행동은 마음에서 생각하고 느낀 것을 밖으로 드러내주는 가장 중요한 매체 역할을 담당하는 일이라 할 것이다.

52

興於詩 立於禮 成於樂
흥어시 입어례 성어락

시로 감흥을 불러 일으키고

예로 행실을 바로 세우고

음악으로 마음을 완성한다

〈태백편〉

興(일 흥, 일으킬 흥) 於(어조사 어, 기댈 어) 詩(시 시, 시경 시)
立(설 립, 세울 립) 禮(예 례, 예우할 례) 成(이루어질 성)
樂(풍류악, 즐길 락)

글자 그대로 풀이하자면 "시에서 일어나 예에 따라 서며 락과 같은 마음으로 이룬다"라고 하겠다.

대체적으로 시(詩)는 사람의 마음을 자연스럽게 감흥시키고 감정을 풍부하게 하며, 예(禮)는 인간의 행동규범과 사회질서 및 공동체 구성원으로써의 윤리의식을 제시하는가 하면, 악(樂)은 우리의 정서와 감정을 부드럽고 온화하게 하여 순수한 인간성으로 순화시키는 역할을 한다고 볼 수 있다.

그렇게 본다면 사람은 누구나 공부를 하며 자기 스스로의 심신을 닦는데 시에서 감흥을 일으켜 나름대로의 뜻을 세우고 예를 바탕으로 하면서 대상과 상황을 판단해 각기 다르게 구분하고 절제하는 법을 익혀서 독립되고 개성 있는 인격체로 설 수 있으며 음악을 통해 조화를 이룸으로써 바람직하고도 안정된 인간상을 구현할 수 있을 것이라 하겠다.

그러니까 공자가 생각하는 배움의 단계로 마음을 닦고 학문에 도움이 되는 절차와 과정을 말한 것으로 착한 것을 좋아하고 악한 것을 미워하며 사물을 보는 눈을 넓이더라도 조화와 균형을 지키면서도 여유로운 마음의 덕을 기를 수 있는 풍류로 인간이 지녀야 할 성정을 마무리한 것이라 할 것이다.

53

任重而 道遠
임 중 이　도 원

선비에게 맡겨진 책임과 임무는

소중하고 막중하기만 한데

가야할 길은 멀기도 하다

〈태백편〉

任(맡길 임, 일 임) **重**(무거울 중, 겹칠 중) **道**(길 도, 다스릴 도)
遠(멀 원)

여기에서 선비라 함은 대체적으로 학문에 뜻을 두고 교양과 인격을 갖춘 젊은 관리(官吏) 정도로 이해하면 될 것이다.

그러니 예전의 선비요 지금으로 말하면 많은 공부와 배움의 과정을 거쳐 세상사의 옳고 그름과 깊고 낮음을 분별할 수 있는 이른바 지식인이 소명 의식으로써 짊어지고 있는 시대적 임무는 크고 막중하면서도 풀어가며 헤쳐 나가야 할 길은 멀고 요원한 현실을 지적하는 말이라고 이해하여야겠다.

누구나 남들보다 조금이라도 더 배우고 공부를 하기 위해 많은 시간과 노력을 투자한다는 것은 혼란스럽고 정의롭지 못한 사회적 부조리를 바로잡으며 많은 사람들의 행복과 평화를 위한 어려운 문제들을 풀어서 개혁하고 변화시켜 더 나은 사회로 발전시킬 수 있는 계기와 힘을 기르기 위해서 일 것이다.

그와 같은 사람들은 이 땅에 살아있는 동안 선비나 지식인으로서의 값을 치러야 하며 그러한 사명은 죽을 때까지 놓아서는 안 될 것이다.

54

邦無道富且貴焉恥也
방 무 도 부 차 귀 언 치 야

나라에 도가 없어 이루어지는 일들이
정의롭고 바르지 못한데
나랏일에 참여해 부귀와 영화를 누리며
잘 산다는 것은 부끄러운 일이다

〈태백편〉

邦(나라 방) 無(없을 무) 道(길 도, 다스릴 도) 富(넉넉할 부)
且(또 차) 貴(귀할 귀) 焉(어찌 언, 어조사 언) 恥(부끄러울 치)
也(어조사 야)

무력으로 패권을 장악하려는 패도 정치가 만연한 춘추시대를 살아야했던 공자가 보고 느끼게 되는 혼란사회에서 옳고 그름을 구분하지 않고 자신의 사사로운 영욕만 채우려는 당시의 일부 지식인을 질타하는 뜻에서 나온 말이라 생각된다.

　원래 지식과 인격을 갖추고 인의(仁義)를 기반으로 한 덕(德)을 실천하려고 노력하는 군자들에 의한 이상적 덕치(德治) 모습을 꿈꾸던 공자에게는 나라의 꼴이야 어떻게 되던 자기의 부귀와 욕심만 채우려는 자들이 무척 한심스럽게 느껴졌을 만도 하다.

　물론 도(道)가 있는 나라는 통치자를 비롯해 일반 백성을 지배할 수 있는 위치에 있는 사람들이 우선 도덕적으로 모범이 돼야 일반대중들의 안정된 삶이 보장될 것이다. 이 같은 나라는 신하나 백성이 통치자의 잘못을 지적하는 쓴 소리를 해도 관대하고 겸허하게 수용하겠지만 정당한 절차를 거치지 않고 패도(霸道)에 의한 통치자는 아무리 바른말이라 하더라도 자신의 귀에 거슬리는 쓴소리는 천성적으로 거부하고 오히려 억압하고 제거하려는 무도한 현상은 예나 지금이나 같은 맥락으로 이어지기 마련인가 보다.

3장

난제에 대한

답을 찾는 말

55

歲寒然後 知松柏之後凋
세 한 연 후 지 송 백 지 후 조

날씨가 추워진 이후에야

소나무와 잣나무가 다른 나무보다

뒤늦게 시든다는 사실을 알게 된다

〈자한편〉

歲(해 세, 나이 세) 寒(찰 한, 추위 한) 然(그럴 연) 後(뒤 후)
知(알 지, 앎 지) 松(소나무 송) 柏(잣나무 백) 之(갈 지, 이룰 지)
凋(시들 조, 새길 조)

불우하고 어려운 시련을 겪어보지 않은 사람은 의연하고 꿋꿋함이 어떤 것인지 알 수가 없다는 뜻으로 이해할 수 있는 문구이다. 거칠고 험한 풍파를 겪어보지 않고는 명사공이 될 수 없다는 말과 일맥의 뜻이 통할 수 있는 말이라 하겠다.

공자가 살던 시대에도 요즘과 같이 생활양식이나 삶의 제도가 빠르게 변하면서 인심 또한 혼란스럽고 삭막했었던가 보다. 물론 세월의 흐름에 따라 시대적으로 변화 되어가는 방향이 바람직한 것도 있겠지만 한편으로 계속해서 지켜야 할 예절이나 전통이 흔들리고 무너져서 안타까움을 느끼게 하는 일도 있었을 것이다.

그래서 공자가 보기에 잊어지지 않고 보전해야 할 것은 지켜가면서 새로운 시대에 맞게 호흡하며 적응 할 수 있도록 변하는 삶의 자세가 고상한 가치로 대두 되었으리라는 생각을 들게 한다.

아마도 설한풍의 추위를 견디며 꿋꿋하게 서 있는 소나무와 잣나무를 보고 인간이 지녀야 할 의연한 절개의 이미지가 떠올랐으리라는 생각을 갖게 한다.

56

子絶四. 毋意, 毋必, 毋固, 毋我
자 절 사 무 의 무 필 무 고 무 아

사사로운 일에 뜻을 두지 않았고

무리한 억지를 부리지 않았으며

고집스런 마음이 없었고

이기적인 마음이 없었다

〈자한편〉

絶(끊을 절, 결코 절) 意(뜻 의, 뜻할 의) 毋(없을 무) 必(반드실 필) 固(굳을 고) 我(나아, 아집부릴 아)

공자께서는 늘 네 가지의 마음이 없도록 하였으니 개인만을 위한 사사로운 일에 뜻을 두지 않았고 기필코 이루고 말겠다는 무리한 억지를 부리지 않았으며 어느 한 가지 일에 집착만하는 고집스런 마음이 없었고 자기만 앞세우는 자기중심의 이기적인 마음이 없었다.

이는 내면적인 타당성과 외부적인 적당성이 화합되는 의(義) 즉 화(和)를 추구하는 개념으로 볼 수 있을 것이다.

실제로 공자는 자연을 자연 그대로에 만족하지 않고 자연에 적당하면서도 최소한 정도의 문화적인 수식을 해야 한다고 보았으나 자연과 인간의 조화를 이루지 못할 경우에는 오히려 자연에 가까운 쪽으로의 소박함을 추구했다고 보는 경향이 다수이다.

우리가 일반적으로 성인으로 받드는 공자께서도 항상 너그럽다고 할 수 있도록 마음의 여유를 의식하며 지냈다면 평범한 우리 보통사람들이야 어떻게 마음의 자세를 가져야 할지 한번쯤 깊이 생각해 볼 필요가 있다고 본다.

57

過猶不及

과 유 불 급

지나 친 것과 모자란 것은 같다

〈선진편〉

過(지날 과, 지나칠 과) **猶**(같을 유, 오히려 유)
不(아니 불, 아닌가 부) **及**(미칠 급, 미치게할 급)

제자 자공이 스승 공자에게 자장이나 자하와 같은 문하생들을 비교하는 직설적인 질문을 하였을 때 지혜로운 공자는 거명된 제자들의 우열을 구분하지 않고 대답한 말이다.

사실 지나친 것과 모자란 것은 모두 어느 한쪽으로도 치우치지 않고 중간 상태를 유지하는 중용(中庸)의 정신에 맞지 않는 일이다. 여기서 말하는 과(過)와 불급(不及)은 일정한 기준을 훌쩍 넘거나 미치지 못 한다기보다는 '허용 범위를 약간 넘거나 부족하다'는 맥락으로 이해되어야 할 것으로 생각된다.

대체적으로 미치지 못하는 것보다 지나친 것이 더 낫다고 생각하는 경향을 지적한 말이라고 본다.

쉬운 예를 들자면 사람들이 외향적으로 때와 장소를 구별하지 못하고 덤벙거리는 성격이나 반면에 너무 내성적이라서 응당 나서야 할 곳에서도 나서지 않는 소극적인 성격보다는 두 가지 성격이 적절하게 조화를 이루는 중용의 자세가 바람직하다는 생각이라 할 수 있겠다.

58

未能事人 焉能事鬼 未知生 焉知死
미능사인 언능사귀 미지생 언지사

사람이 사람을 섬기는 일도 제대로 모르는데
어떻게 귀신 섬기는 일을 알 수 있겠는가

〈선진편〉

未(아닐 미, 미래 미) 能(재능 능, 능할 능) 事(일 사, 섬길 사)
人(사람 인) 焉(어찌 언, 어조사 언) 鬼(귀신 신) 知(알지, 앎 지)
生(날 생, 산것 생) 死(죽을 사, 죽음 사)

우리가 살고 있는 현실적인 삶도 제대로 알지 못하는데 어떻게 죽음에 대하여 알 수 있겠는가라고 풀이 된다.

이 말은 제자인 자로가 스승 공자에게 귀신(鬼神)을 섬기는 일의 물음에 대한 대답이다.

대체적으로 귀신하면 사람이 죽은 뒤에 나타나는 형상으로 생각하기 때문에 사람이 죽은 뒤의 일이 궁금했던 제자 자로에게 확실하게 알 수 없는 사후세계를 설명하고자하는 답변이라 할 수 있겠다.

여기에서 동양사상의 유학(儒學)을 근거로 하는 유교가 전지전능한 신(神)의 존재를 확신하고자 하는 다른 종교와 달리 신앙의 대상이 아니고 학문으로 구분 될 수 있는 여지를 찾을 수 있다고 본다.

우리의 삶(生)이 어디서 왔다던지 또 생을 마치고 죽으면 어떻게 될 것이라고 하는 식의 추상적인 생각이 아니고 공자를 비롯한 유가(儒家)의 관심은 단순히 현실적인 지금 살고 있는 이 세상을 어떻게 하면 구김살 없이 올바르게 잘 살 수 있는가 하는 것 하나뿐이라고 보는 견해가 대부분이기 때문이라 할 수 있겠다.

59

克己復禮爲仁
극 기 복 례 위 인

자신의 이익보다 사회적 예를
따르는 것이 인의 실천이다

〈안연 편〉

克(능할 극, 이길 극) 己(몸 기, 다스릴 기) 復(돌아갈 복, 다시 부)
禮(예 례, 예우할 례) 爲(할 위, 만들 위) 仁(어질 인, 사랑할 인)

'자기 자신의 사리사욕에서 벗어나 사회의 행동규범이 되는 예에 따르는 것이 바로 인(仁)을 실천하는 것이다'라고 풀이 된다.

여기서 먼저 소위 인(仁)이 무엇이기 때문에 자기 자신을 이기면서까지 인을 실천해야 함을 위대한 성인공자께서 강조하였나 하는 생각을 갖게 된다.

그래서 알기 쉽게 나름대로 풀이 해 본다면 인(仁)이란 남도 나와 같다는 것을 깨달아 남도 나와 같은 마음으로 노력하고 실천할 수 있는 삶의 자세 즉 내 자신을 아끼듯이 남도 사랑하면서 진실하고 정성스럽게 대하고자 하는 인간의 기본덕목이라고 설명하면 어떨까하는 생각을 해본다.

인을 행하는 것은 오로지 나로부터 비롯되지 다른 사람이 관여해서 이루어 질 수 있는 일이 아니라고 보는 것이다. 그래서 나 자신의 욕망을 억제하고 이기면서 절제가 따르는 예로 돌아가야 한다고 강조하는 것이라 해석된다.

좀 더 분명하고 확실하게 표현해보면 인 이란 자기희생이 따르는 사랑과 진실이 결합되는 사람의 덕이라고 할 수 있겠다.

60

君君臣臣父父子子

군 군 신 신 부 부 자 자

임금은 임금답게

신하는 신하답게

부모는 부모답게

자식은 자식답게

〈안연편〉

君(임금 군, 스승 군) **臣**(신하 신, 신하노릇 할 신) **父**(아비 부) **子**(아들 자, 열매 자)

임금은 임금답게 임금님으로서의 직분을 지키고 신하는 신하로써의 책무와 구실을 갖추어야하며 아버지는 아버지의 위치에 걸 맞는 행실과 아들은 아들답게 자식으로써의 처신을 하여야 한다는 뜻이다.

자기위치에서 그 본분을 지키면서 자기에게 부여되는 일에 최선을 다하여야 한다는 말이라고 풀이된다. 이 세상의 모든 존재는 저마다 타고난 역할과 소임이 있기 마련이므로 그 존재함 자체로 온전하고 가치있고 조화롭게 서로가 존중할 수 있는 너그러운 마음을 갖어야 한다는 말로 이해할 수도 있겠다.

사람은 자기 위치에 대하여 확실한 정체성(正體性)을 느껴야 자존감이 생길 수 있다.
자존감이 확실하고 굳건해야 자기역할을 다 할 수 있다. 자존감은 사람과 사람사이의 관계에서 형성되는 것이기 때문에 저마다 할 수 있는 역할의 문제와 관련이 깊다고 보아야 할 것이다.

61

問仁 愛人 問知 知人
문 인　애 인　문 지　지 인

'어짊'은 '사람을 사랑하는 것'

'지혜'는 '사람을 이해하는 것'

〈안연편〉

問(물을 문, 찾을 문) **仁**(어질 인, 사랑할 인) **愛**(사랑 애, 사랑할 애)
知(알 지, 알릴지) **人**(사람 인, 남 인)

스승 공자가 제자인 번지의 물음에 답하는 대화에 나오는 말이다. 번지가 어짐(仁)이 무엇이냐고 물으니 "사람을 아끼고 사랑하는 것"이며 이어 지혜(知)는 무엇이냐는 물음에 "사람을 아는 것 바로 남을 이해하는 것"이라는 공자의 대답이다.

일반적으로 우리가 흔하게 사용하고 있는 인(仁)이라는 말은 성인 공자, 즉 유학의 동양사상을 대표하는 말이지만 실제로 우리생활에 실천하기 위해서는 많은 수양이나 심신의 수련이 뒤따라야 하는 고품격의 덕성이라고 보아도 지나치지 않을 것이다.

공자의 말대로 사람을 아끼고 사랑한다는 것은 요즘으로 말하자면 서로 간의 인권을 존중하며 신분이나 지위, 부귀 등에 의해 억압받거나 무시당하는 사례가 없이 어려운 일을 먼저하고 사사로이 이익을 얻을 수 있는 일은 뒤로 미룰 수 있는 너그러운 양보와 불쌍함을 헤아릴 수 있는 마음이 바로 어진 마음(仁)이라고 할 수 있을 것이다.

또한 앎(知)이라는 슬기(智)에 대하여 공자는 사람을 알고 이해하는 것이라면서 한편, '아는 것을 안다고 하고 모르는 것을 모른다고 하는 것'이 바로 아는 것(위정편)이라고 했다.

62

草上之風

초 상 지 풍

풀 위의 바람

〈안연편〉

草(풀 초, 풀벨 초) 上(윗 상, 가할 상) 之(갈 지, 어조사 지)
風(바람 풍, 습속 풍)

풀 위로 바람이 불면 연약한 풀은 바람에 휩쓸려 고개를 숙이기 마련이다.

당초 이 말은 군자지덕풍(君子之德風) 소인지덕초(小人之德草)라는 말과 이어지는 문장인데 군자의 덕으로 나라를 다스리면 소인인 백성들은 자연스럽게 군자의 덕에 따르게 된다는 말이라고 풀이된다.

다시 말해서 지배계층에 있는 사람들이 바르고 정의로운 신념을 갖고 기존의 질서와 법규를 잘 지키면 피지배계층에 있는 민초(民草)라고 할 수 있는 백성들은 감히 법을 위반하거나 사회적 지탄을 받는 의롭지 못한 행동을 할 수가 없다는 뜻으로 이해 할 수 있다.

이와 같이 공자는 일반 백성들을 풀로 비유했기 때문에 민초나 오늘날의 풀뿌리 민주주의 등과 같은 말로 이어지고 있다고 할 수 있겠다.

예나 지금이나 정치를 하는 자 즉 지배계층에 있는 자들은 무엇보다도 일반 백성들이 호응하고 수긍할 수 있도록 그 처신을 바르게 할 수 있는 수양과 절제가 요구된다고 보아야 할 것이다. 그래서 모든 지식과 인격이 갖추어진 가장 이상적 인간상인 군자의 덕을 강조한다고 할 수 있다.

在邦無怨 在家無怨
재 방 무 원　　재 가 무 원

나라를 탓하거나 원망하는 일이 없고

가정이나 집안에 대해서도

원망하는 일이 없다

〈안연편〉

在(있을 재, 찾을 재) 邦(나라 방, 봉할 방) 無(없을 무, 아닐 무)
怨(원망할 원, 원한 원) 家(집 가, 아내 가)

이 글은 당초에 내 마음에 내키지(원하지)않는 일은 다른 사람들도 하고 싶지 않을 것이니 남들에게 강요하지 말라는 문장에 이어시는 말이다. 여기서 방(邦)이라 함은 과거 중국에서 제후들이 다스리던 영지(領地) 즉 나라를 뜻한다.

 사람은 누구나 내가 몸담고 있는 나라나 가정이 가난하거나 소란스러워 편안하고 안락한 삶을 이어가기가 어려우면 당장 살고 있는 그 나라나 집안에 대하여 원망스럽고 어느 곳이든 그렇지 않은 다른 곳으로 떠나고 싶은 마음이 생기게 된다.
 실제로 왜 이 땅에 태어나서 분단된 설움과 이념의 대립 등으로 혼란스럽거나 과거 가난의 고통을 느끼며 살아야 했나하는 생각을 갖고 미국을 비롯한 다른 나라로 이민가고 싶어 하는 마음을 갖는 사람들을 우리 주변에서 흔히 볼 수 있는 일이다.
 자기가 처한 환경을 비관하고 원망하며 어려운 처지에서 벗어나고자하는 사람들은 비단 우리나라나 주변뿐 아니라 다른 어느 나라 또는 어느 시대에서나 우리 인류의 역사가 이어져 내려오는 한 의례히 나타날 수 있는 현상이 아닌가 하는 생각을 해본다.

64

君子成人之美 不成人之惡
군 자 성 인 지 미   불 성 인 지 악

장점은 찾아 키워주고

단점은 들춰내지 않는다

〈안연편〉

君(임금 군, 부모 군) **子**(아들 자, 남자 자) **成**(이루어질 성, 이룰 성)
人(사람 인, 남 인) **之**(갈지, 어조사 지) **美**(아름다울 미, 잘할 미)
不(아니 불, 아닌가 부) **惡**(모질 악, 나쁠 악)

군자는 다른 사람의 좋은 점을 찾아 키워주고 남의 단점이나 결점을 들추어내려하지 않는다는 말이라 풀이된다.

 공자가 가장 이상적으로 생각하는 인간상이 군자라고 한다면 군자란 지식과 인격을 갖추고 스스로 절제할 수 있는 자연스러움으로 인(仁)과 의(義)와 같은 덕(德)을 실천하려고 노력함으로써 자신을 수양하고 다른 사람을 편안하게 할 수 있는 사람이라 할 수 있을 것이다.

 요즘과 같이 지나친 개인주의와 승부의식에서 벗어나 자신의 이익만을 고집하지 않고 편파적인 생각에 집착하지 않으며 약한 사람을 배려하면서도 모든 사람들을 위한 포용의 합의를 이루고 정의를 실천할 수 있는 사람이라면 현대식 군자라는 소리를 들을 만도 할 것이라는 생각을 해본다.

 사람은 누구나 나름대로의 장점이나 단점이 있기 마련이므로 인간 상호간에 어느 정도의 좋은 점과 나쁜 점을 이해하고 수용할 수 있느냐에 따라 신뢰할 수 있는 마음이 열리고 나아가 원만한 인간관계에 의한 사회의 조화를 이룰 수 있게 된다고 보아야 하겠다.

65

忠告不可 則止

충 고 불 가 즉 지

잘못을 깨달을 수 있게 지적해도

상대가 받아들려고 하지 않으면

더 이상의 충고는 하지 말아라

〈안연편〉

忠(충성 충, 정성 충) **告**(고할 고, 고할 곡) **不**(아니 불, 아닌가 부)
可(옳을 가, 가히 가) **則**(곧 즉, 법칙 칙) **止**(그칠 지, 머무를 지)

잘못된 점을 지적하고 깨달을 수 있도록 얘기해주어도 상대가 받아들이려고 하지 않으면 더 이상 충고하지 말아야 한다는 뜻이다. 여기에 나오는 충(忠)은 진실되고 솔직한 마음. 그리고 고(告)는 알아듣게 타이르는 조언정도로 이해되어야 할 것 같다.

원래 이 말은 충고이선도지 불가즉지 무자욕언(忠告而善道之, 不可則止, 無自辱焉)의 줄인 말로 벗에 허물이 있으면 성실하고 착한 마음으로 잘못을 지적하며 바른길로 이끌어 가는 것이 우의를 돈독히 하고 더욱 발전하며 성장할 수 있는 최선의 관계가 되겠으나 그렇다고 충고나 조언이 지나치면 오히려 관계가 소원해지거나 단절될 수 있음을 지적하는 말이다. 그러니까 그 관계가 어떤 사이가 되든 간에 상대방이 고맙거나 탐탁하지 않게 생각하는 충고를 계속하다보면 도와주고 잘못을 바로 잡아 좋은 방향으로 이끌어주려고 하는 뜻이 잔소리나 비난하는 말로 들릴 수 있다는 점을 잊지 말아야겠다. 왜냐하면 아무리 사회적 상식과 도의적 원칙에 준해서 충고를 한다고 해도 내가 생각하는 대로 상대방도 반드시 옳은 방향이라고 인정하고 수긍한다는 보장이 없기 때문이다.

66

內省不疚 夫何憂何懼
내성불구　부하우하구

스스로 부끄러울 일이 없다면

근심하고 두려워할 일이 없다

〈안연면〉

內(안 내) **省**(살필 성) **不**(아니 불) **疚**(꺼림할 구)
夫(대저 부, 사내 부) **何**(어찌 하) **憂**(근심 우) **懼**(두려워할 구)

"스스로 자신을 뒤돌아보고 살펴서 거리낌이나 부끄러워 할 일이 없다면 도대체 무엇을 근심하고 두려워할 일이 있겠는가"라고 풀이되는 문장이다.

사람은 누구나 자기 스스로의 양심에 거리끼거나 부끄러움을 느낄 수 있는 잘못된 일을 하게 되면 남보다 먼저 자신이 느끼며 알게 될 뿐 아니라 다른 사람은 모른다 해도 자기 자신만은 알고 있기 때문에 남들이 모르는 근심이나 두려움을 갖기 마련이다.

더욱이 그와 같은 행위가 사회적으로 통용되는 상식이나 법규에 위반되는 일로 남들이 알게 되어 지탄이나 처벌과 같은 외부의 응징을 받을 수도 있다는 생각에까지 미치게 된다면 그에 따른 걱정이나 불안은 더욱 커져서 안절부절을 못 하는 지경에까지 이르는 경우도 있게 될 것이다.

그러나 스스로 뒤돌아보고 살펴서 아무런 거리낌이나 부끄럽고 양심에 가책되는 일을 하지 않았다면 어느 누구에게도 떳떳하고 당당할 것이니 무엇을 근심하고 두려워 할 일이 있겠는가.

67

言必信 行必果

언 필 신 　 행 필 과

말을 하면 반드시 그 말을

믿을 수 있어야 하고

일단 시작한 일은 끝까지 추진하여

좋은 결실을 거둘 수 있도록 하여야 한다

〈자로편〉

言(말씀 언, 말할 언) 必(반드시 필, 오로지 필) 信(믿을 신, 믿음 신) 行(다닐 행, 행할 행) 果(실과 과, 과연 과)

내가 한말에 대해서는 반드시 책임을 짐으로 인해 다른 사람이 믿음을 갖도록 하고 그 말을 행동으로 옮김에는 분명하게 결과를 내 놓을 수 있어야 한다는 뜻으로 이해하여야 할 것이다. 이 말을 역설적으로 생각해 보면 책임질 수 없는 말이나 결과를 얻지 못할 행동은 처음부터 하지 말아야 믿을 수 없거나 말 뿐인 사람이라는 소리를 듣지 않는다는 뜻이 있다고 볼 수 있을 것이다. 그만큼 세상을 살아가는데 신뢰를 잃지 않는다는 것이 중요함을 새롭게 하는 말이다.

더욱이 요즘과 같이 다양하고 복잡하게 얽히는 인간관계에서 진실하고 변함없는 믿음을 지키며 생활한다는 것이 더욱 절실하게 느껴지는 사회덕목이 아닌가 생각된다. 개인간 관계는 물론 기관이나 단체 더 나아가 국가간에서 조차 온갖 명예를 다 걸어가며 한 약속마저도 일시적인 유불리에 따라 파기하는 경우를 보면서 얼마나 많은 실망감이나 허탈함을 느끼게 되는가하는 안타까움을 금할 수가 없다. 그러니까 공자가 살던 시대나 2500여년의 세월이 변해 온 지금이나 서로가 믿음을 갖고 신뢰할 수 있는 관계를 갖는다는 것이 얼마나 어려우면서도 필요한 일인가 새삼 느낄 수 있는 일이다.

68

君子和而不同 小人同而不和
군 자 화 이 부 동   소 인 동 이 불 화

군자는 조화롭게 어울리지만

반드시 같아지기를 강요하지 않고

소인은 반드시 같아지기를 강요하지만

조화롭게 어울리지 못한다

〈자로편〉

君(임금 군, 스승 군) **子**(아들 자, 열매 자) **而**(말이을 이)
同(한가지 동, 같이할 동) **小**(작을 소, 소인 소) **人**(사람 인, 남 인)
不(아니 불, 아닌가 부) **和**(온화할 화, 화목할 화)

동(同)과 화(和)는 비슷한 뜻으로 우리가 흔히 쓰는 말이지만 조금 깊이 고찰해 보면 동은 자기의 분명한 주체성과 확고한 주장이 없이 단순하게 하나가 되기 위한 가시적이고 획일적인 행동이라 할 수 있다. 반면에 화는 화목이나 화합과 같이 남과 협력하고 조화를 이루며 어울리는 내면적 작용이 필수적으로 요구되는 현상으로 구분되어짐을 알아야겠다.

여기에서 소인과 군자를 동과 화로 나누어 구분하고자 함은 동과 화가 내포하고 있는 그 각기의 뜻이 다름을 강조하므로써 우리주변의 한결같지 않은 현상을 지적하고 더 나은 경지의 사회로 발전시키고자하는 의도였을 것으로 보여진다.

다만 사람은 누구나 태어날 때부터 성인군자의 기질을 갖고 태어나지 않는 이상 모두가 어쩔 수 없이 소인이 될 수밖에 없으며 그러한 소인에서 벗어나기 위한 부단한 노력이 바로 우리가 살아가는 삶의 과정이라는 생각이 우선되도록 하는 일이다. 그것이 우리 사회가 동이불화되지 않고 화이부동하는 길이라는 점이 강조되어야 하는 일이라고 본다.

69

其身正不令而行 其身不正雖令不從

기 신 정 불 령 이 행   기 신 부 정   수 령 부 종

위 사람이 바르게 처신하면

아랫사람도 바르게 처신한다

〈자로편〉

其(그 기) 身(몸 신, 몸소 신) 正(바를 정) 不(아니 불, 아닌가 부)
令(영 령) 而(말이을 이) 行(다닐 행, 행실 행) 雖(비록 수)
從(좇을 종, 따를 종)

위에 있는 사람이 스스로 자기 자신을 바르게 처신하면 아랫사람들은 옳은 일을 하라고 일일이 지적하거나 명령하지 않아도 스스로 알아서 옳게 행동하지만 윗사람이 올바른 처신을 하지 않으면 아랫사람에게 바르게 하라고 아무리 채근하거나 명령을 해도 따르지 않는다는 말이다.

우리가 일상생활을 하면서 흔하게 듣거나 주변에서 보고 느끼는 말이라 하겠다. 가까운 예로 어린자식을 키우는 부모가 정당하고 떳떳하지 못하게 늘 가정에 불화를 일으키면서 자식들에게만 잘못한다고 자주 꾸짖거나 가정이 화목하고 바르게 살아야 한다고 해 봤자 아이들 반응은 냉냉하기만 할 것이 뻔한 일이라 하겠다.

속담에도 윗물이 맑아야 아랫물이 맑다는 말이 있듯이 아래에 흐르는 물이 아무리 맑아지려고 노력을 해도 위에서 흐리고 탁한 물이 내려온다면 어찌 아래에서만의 뜻대로 맑아질 수가 있겠는가. 그야말로 평범하면서도 변할 수 없는 진리라고 느껴진다.

70

欲速則不達 見小利則大事不成
욕 속 즉 부 달　견 소 리 즉 대 사 불 성

빨리 하고자 서두르거나

작은 이익에 얽매여 연연하지 말아라

〈자로편〉

欲(하고자할 욕) 速(빠를 속) 見(볼 견) 小(작을 소) 利(이로울 리)
則(곧 즉) 不(아닌가 부) 達(이를 달) 大(클 대) 事(일 사)
成(이룰 성)

급하게 하려고 서두르다 보면 원하던 목표에 도달하기 어렵고 작은 이익에 매달리다가는 큰 일이 이루어지지 못한다는 말이다.

이 말은 제자인 자하(子夏)가 거보라는 고을의 책임자가 되어서 그 지방을 다스리는 일에 대하여 스승인 공자에게 물었을 때 대답한 말이라고 전해진다. 우리 속담에도 급할수록 돌아가라는 말이 있듯이 무슨 일이던 너무 서두르면 차례가 바뀌고 절차가 생략되기 마련이라 낭패를 볼 수 있다는 의미를 담고 있다.

지난날 우리의 새마을운동과 산업화 과정에서 빠른 성과에만 몰두하다 보니 부실공사 등 많은 시행착오를 겪어야 했고 그 영향은 오늘날까지도 이어지고 있어 어디서든 빨리빨리 서두르는 국민성의 일부로 남게 되었다고 할 수도 있을 것이다.

그래서 서두른다는 것은 일을 대충대충 처리하겠다는 의미로도 볼 수 있어 한동안 졸속행정이라는 말이 난무할 정도의 지난 기억을 잊지 말아야겠다.

71

先之勞之 無倦
선 지 로 지 무 권

어려운 일이나 힘든 일이 있으면
먼저 솔선수범해서 해결한다

〈가로편〉

先(먼저 선, 앞설 선) **勞**(일할 로, 수고할 로) **無**(없을 무)
倦(게으를 권)

어려운 일이나 힘든 일이 있으면 먼저 솔선수범해서 해결하겠다는 마음으로 노력하는 자세를 갖되 어려움에 처한 백성들을 위로하고 도와주는 일 또한 게을리 하지 말아야 한다는 뜻으로 이해할 수 있다.

제자인 자로(子路)가 스승 공자에게 정사(政事)에 관하여 물었을 때, 공자는 정치를 하는 사람이라면 무슨 일이든 일반 백성보다 먼저 솔선해서 실천하는 모범을 보이고 그들의 노고와 어려움을 위로하는 일을 게을리 하지 않으면 자연적으로 백성들은 따라오게 된다고 답하였던 것이다.

이 말은 비록 정사 뿐 아니라 모든 일에서 윗사람이나 보다 나은 위치와 조건에 있는 사람이 먼저 모범을 보이고 솔선수범 한 뒤에 다른 사람들에게도 그와 같이 실행도록 한다면 어떤 어려운 일이라도 뒤돌아보지 아니하고 따르게 될 수 있다는 사실을 일깨워주는 말이라 하겠다.

72

剛毅木訥 近仁
강 의 목 눌　근 인

강직하고 굳세고 소박하며

어눌하게 말하는 사람은

어짊(仁)에 가까운 사람이다

〈자로편〉

剛(굳셀 강, 억셀 강) **毅**(굳셀 의) **木**(나무 목, 질박할 목)
訥(말 적을 눌, 말 더듬을 눌) **近**(가까울 근) **仁**(어짊인, 어진이 인)

여기에서 '강직하다'(剛)는 말은 옳고 바름에 대한 뚜렷한 소신과 정의에 대한 주장이 분명하고 올 곧은 정직함을 이르는 말이다. 또한 '굳세다'는 것은 옳다고 생각되는 자신의 뜻을 굽히지 않는 굳고 강인한 의지를 뜻하며 나무 목(木)자를 '소박하다'고 풀이하는 것은 어떤 말이나 잔재주 없이 오랜 세월의 거칠고 험난함을 굳굳하게 지키는 나무와 같이 아무런 허식이나 꾸밈이 없는 순수함을 나타낸다.

'어눌하다'는 것은 말이 세련되거나 유창하며 듣는 사람의 기분이나 주변여건에 맞도록 하지 못하고 조금은 서툴고 더듬거리면서 진실을 거짓이나 허위로 포장하여 표현하지를 못함을 일컫는다고 보아야 할 것이다.

물론 너무 그러한 측면에서만 생각한다면 상대나 주변을 의식하지 않고 오로지 내 자신이 옳다고 여기는 대로만 주장하면서 끈기있게 관철시키고자 하는 사람은 인간관계에서 이해와 타협의 아쉬움도 느낄 수 있다는 생각을 해본다.

다만 다른 사람들의 환심이나 인기를 얻으려고 듣기좋은 말로 꾸며대거나 겉치장에 주력하는 사람은 실질적으로 어질고 착한 사람과는 거리가 멀다는 뜻으로 표현된 말이라고 이해하여야겠다.

73

君子泰而不驕 小人驕而不泰
군 자 태 이 불 교   소 인 교 이 불 태

군자는 태연하지만 교만하지 아니하고

소인은 교만하면서도 태연하지 못하다

〈자로편〉

君(임금 군) 子(아들 자) 泰(클 태, 너그러울 태) 而(어조사 이)
不(아니 불) 驕(교만할 교) 小(작을 소) 人(사람 인)

『논어』에서는 군자와 소인이 자주 비교되는 인간상(人間像)으로 표현된다. 군자가 지식과 인격이 갖추어진 성숙되고 이상적인 인격체로 덕(德)을 실천하려고 노력하므로써 다른 사람을 편안하게 하는 사람이라면, 소인은 그와 반대되는 어리석고 미숙한 인간형으로 자기 자신의 사사로운 욕망에 몰두하는 사람 정도로 이해할 수 있을 것이다.

그러니 군자는 어떠한 어려움이 닥치더라도 침착하고 여유있게 대응하려 하지만 소인은 조금만 어려운 일이 생기면 갈팡질팡하고 허둥대면서 남 탓으로 돌리려는 핑계나 구실 찾기에 급급하기 마련이다.

여기에서 군자를 의미하는 태(泰)는 도의적으로 스스로 믿는 마음의 엄연한 자세로 어떤 상황에서도 가볍게 좌고우면 하지 않고 의연(毅然)할 수 있는 강한 정신력과 부동심의 의지를 지니고서도 결코 교만하거나 잘난 체하며 거들먹거리지 않는 태연함을 의미한다고 보아야겠다. 대단치도 않으면서 우쭐대며 다른 사람들을 멸시하고 얕보려 하거나 자기위에는 사람이 없는 것처럼 요란을 떨면서도 막상 무슨 일이라도 생기면 갑자기 무너질 듯 안절부절 못하는 소인들과는 분명하게 대조되는 인간형이 군자라고 할 수 있을 것이다.

74

見利思義

견 리 사 의

이로운 것을 보았을 때
오히려 의로움을 생각하라

〈헌문편〉

見(볼 견) **利**(이로울 리, 탐할 리) **思**(생각할 사, 생각 사)
義(옳을 의, 의로울 의)

글자 그대로 풀어보면 이로운 것을 보았을 때엔 오히려 의로움을 생각해야한다고 할 수 있겠다.

아마도 공자께서는 이익이란 의롭고 바르게 살다보면 자연스럽게 따라오기 마련이지 의도적으로 이익자체를 추구한다고 얻어지는 것이 아니라는 생각이었던 것 같기도 하다. 그렇다면 요즘과 같이 자본주의 사상과 금전만능적인 개인의 이익추구에 올인하는 우리 주변의 현실적인 개념과는 많은 차이가 있지 않을까라는 생각을 갖게 한다.

사실 인간의 마음속에는 누구에게나 이(利)와 의(義) 즉 욕심과 양심이 늘 함께 자리하고 있으며 경우에 따라 앞서거니 뒤서거니 한다고 보아도 지나친 표현이라고 할 수 없을 것이다.

다만 의로움 보다는 우선 욕심을 채울 수 있는 이익이 되는 일이 가깝게 느껴지기 때문에 힘겹게 가꾸어온 인격이 재물 앞에 무너지기 쉽고 양심은 물질적 욕심에 의해 파멸되기 쉬운 약점에서 벗어나기가 어렵다고 볼 수 있겠다.

75

不在其位 不謀其政
부 재 기 위　불 모 기 정

그 자리에 있지 않으면

그 일에 대해서 이렇다 저렇다

얘기를 하지 말아야 한다

〈헌문편〉

不(아니 불, 아닌가 부) 在(있을 재, 곳 재) 其(그 기, 어조사 기)
位(자리 위, 자리잡을 위) 謀(꾀할 모, 물을 모) 政(정사 정, 구실 정)

당초 공자께서는 윗사람이라고 해서 아랫사람이 하는 일을 이래라 저래라 쉽게 간섭하고 참견하는 신중치 못함을 경계하는 뜻에서 하신 말이라고 전해진다. 그러나 요즘에는 아래, 위를 가리지 않고 다른 사람이 하는 일에 대해 말도 많고 아무런 관련도 없으면서 자기 생각과 다르다고 시비와 주장을 내세워 주변을 소란스럽게 하는 경우를 종종 보게 된다.

어떤 일이든 그 일을 하는 사람 나름대로의 생각이 있고 전문적인 견해와 검토를 거쳐서 시작되는 일 일테니 일단의 추진과정과 이루어지는 결과를 지켜보는 자세가 바람직하다고 본다. 예나 지금이나 남 말하기 좋아하는 사람들이 많아서 선의적인 충고나 비판이 지나쳐 괜한 참견이나 비방으로 번지는 경우를 생각해서 남이 하는 일을 섣불리 판단하고 참견하는 일이 없어야 할 것이다.

우리 속담에 "목수가 많으면 집을 무너뜨린다"는 말이 있다. 다른 사람의 말만 듣다 보면 내 자신이 본래 목적했던 일을 그르칠 수가 있을 뿐 아니라 남의 말을 많이 하다보면 그 말로 인해 관계되는 일을 망칠수도 있음을 명심해야 할 것이다.

76

不怨天 不尤人 下學而上達
知我者 其天乎

불원천 불우인 하학이상달
지아자 기천호

하늘을 원망하거나 사람들 탓을 하고
아래에서 부터 배워
점차 위로 통달하고자 하는 나를
하늘은 알아주리라

〈헌문편〉

不(아니 불) 怨(원망할 원) 天(하늘 천) 尤(탓할 우) 學(배울 학) 達(통달할 달) 知(알 지) 我(나 아) 者(사람 자) 其(그 기) 乎(그런가 호)

하늘을 원망하거나 사람들 탓을 하지 않으며 아래에 있는 것부터 배워서 점차 위로 통달하고자 하는 나를 하늘은 알아주리라 하는 말로 풀이해본다.

공자께서 당시에 자신을 알아주는 왕이나 제후들이 없는 현실을 탓하며 하는 말이지만 비록 세상이 나를 알아보고 인정해주지 않더라도 자신의 뜻을 굽히거나 좌절하지 않고 세상을 위해 묵묵히 도(道)를 펼치거나 인(仁)을 행하겠다고 스스로 다짐하는 말로 해석되기도 한다.

사람은 누구나 세상을 살다보면 마음먹은 대로 일이 잘 풀리지 않거나 예상 밖의 역경에 처하여 낙심하거나 잘못된 원인을 찾아 다른 사람을 탓하며 원망스럽게 느끼는 경우를 경험하기 마련이다.

공자는 그렇더라도 팔자가 기박하다며 하늘을 원망하거나 다른 사람에게 책임이나 원인을 돌리지 말고 자신의 뜻을 꾸준히 펼쳐나간다면 언제인가 하늘이 알아줄 때가 있을 것이라는 희망과 지혜를 갖게 해주는 위로와 신념의 이미지를 전하고자 한 것이라 생각된다.

77

老而不死 是爲賊
노 이 불 사   시 위 적

아무런 일도 없이 늙어가면서

도리나 풍속을 혼란스럽게 하고

죽지도 않는 사람이 바로 인류의 적이다

〈헌문편〉

老(늙을 로) **而**(어조사 이) **不**(아니 불) **死**(죽을 사)
是(이 시, 옳을 시) **爲**(할 위, 행위 위) **賊**(도둑 적, 그릇칠 적)

사람이 아무런 하는 일도 없이 늙어가면서 인간으로서 지켜야 할 도리나 풍속을 혼란스럽게하고 죽지도 않는다면 이것이 바로 인류를 해롭게 하는 적이라 하겠다는 뜻으로 풀이된다.

이 말은 공자의 벗인 원양(原壤)이라는 사람이 어려서도 공손하지 못하게 망나니 같은 짓만 하다가 자라서는 덕행이 칭찬받을 만하거나 나이 먹어 이루어 놓은 일도 없이 늙어가면서 주변의 지탄을 받거나 말썽을 일으키는 것을 나무라는 의미에서 한 말이라고 전해 오고 있다.

인간의 생명은 유한(有限)하다. 어느 누구라도 언제까지나 죽지 않고 오래오래 살 수 있을 것이라는 생각은 단순한 상상이나 억측과 지나친 욕망에 불과한 일이다.

요즘과 같이 의술이 발달되고 좋은 약제나 건강관리가 아무리 철저하다해도 무한하게 생명을 연장시킬 수 없을 뿐 아니라 천하의 영웅호걸이나 절세의 가인이라 할지라도 잠시도 멈추지 않고 흐르는 세월 따라 늙게 되고 때가 되면 죽기 마련이다.

그래야 또 다시 새롭게 태어나는 환류(還流)의 연속으로 새로운 세상의 창조와 발전을 거듭하는 하늘의 이치와 우주 만물의 자연법칙에 맞는 일이라고 할 수 있을 것이다.

78

脩己以敬 脩己以安人
수 기 이 경   수 기 이 안 인

자신을 닦고 수양해서

경건한 마음을 갖고

수양된 자신으로 인해

남을 편안하게 해줄 수 있어야 한다

〈현문편〉

脩(닦을 수, 다스릴 수) **己**(몸 기, 다스릴 기) **以**(써 이, 쓸 이)
而(말이을 이, 같을 이) **敬**(공경 경, 삼갈 경) **安**(편안할 안, 어찌 안)
人(사람 인, 남 인)

제자인 자로가 스승공자에게 군자에 관하여 묻는 말에 대답한 말씀의 일부로 자신을 닦고 수양해서 경건한 마음을 가져야 하며 수양된 자신으로 인해 남을 편안하게 해줄 수 있어야 한다는 뜻으로 풀이된다.

　'공경하고 경건한 마음으로 자신을 닦는다'는 구절은 '수신(修身)'에 해당되고 '자기 자신을 수양해서 일반 백성과 같은 남을 편안하게 해주어야 한다'는 말은 바로 '제가(齊家)'와 같은 말이다. 우리가 흔히 쓰는 '수신제가 치국평천하'와 연결되는 말이라 하겠다.

　여기서 주목을 요하는 '경(敬)'이란 단순히 '공경한다'는 말보다는 변화를 도모하는 구체적이고 실제적인 수단으로 밖으로 향하는 자기마음을 안으로 향하도록 방향을 돌려놓을 수 있는 자기 수양의 핵심적 요소로 보아야겠다는 점이다.

　그러니까 스스로의 회생과 각고의 노력이 수반되어야 하는 자기수양으로 인해 남을 편안하게 해 주어야 한다는 수기안인(脩己安人)은 공자 사상의 주된 내용이라고 해도 지나치지 않을 것이라고 본다.

79

以直報怨

이 직 보 원

누군가 나에게 원망하거나

나쁜 짓을 한다고

나도 똑같이 같은 방식으로 대하지 말고

나대로의 정직하고

올바른 마음으로 응대해줘라

〈헌문편〉

以(써 이, 쓸 이) **直**(곧을 직) **報**(갚을 보, 알릴 보) **怨**(원망할 원)

일반사회에서는 누군가 나에게 친절을 베풀면 나또한 그에게 친절을 베풀게 되는 등가성이 보편적 상식으로 통용되는데 그렇다고 상대되는 쪽에서 나를 원망하고 해롭게 한다고 해서 나도 그와 똑같이 대하는 것이 꼭 옳은 일인가는 많은 견해를 달리한다고 보아야 할 것이다.

물론 부모와 자식의 관계처럼 특수한 사이나 '눈에는 눈 이에는 이'로 응대한다는 대적관계에서 똑같이 등가성이 적용된다고 보아서는 적절치가 않을 것이다. 다만 우리사회의 다양한 인간관계에서 정직하게 처신을 하다보면 언젠가는 그 쪽에서도 나의 진심을 알아주게 된다는 뜻에서 나온 말이 이직보원의 깊은 뜻이라고 이해하여야 할 것 같다.

우리가 흔히 말하는 관계란 서로가 연관되는 무엇인가를 주고받는데서 이루어진다고 한다면 상대의 나에 대한 태도여하에 따라 일일이 반응하고 대꾸 한다기보다 내 자신이 옳고 바르다고 생각하는 대로 묵묵히 내 입장을 견지하므로써 상대방에 이해하고 납득할 수 있는 메시지가 전달 될 수 있도록 하는 자세가 바람직하다고 보는 것이라 할 수 있겠다.

80

恥其言而過其行

치 기 언 이 과 기 행

그 사람의 하는 말이

그 사람이 하는 행동보다

지나친 것을 부끄럽게 생각한다

〈헌문편〉

恥(부끄러울 치, 욕 치) 其(그 기, 어조사 기) 言(말씀 언, 말할 언)
而(말이을 이, 어조사 이) 過(지날 과, 지나칠 과) 行(다닐 행, 갈 행)

말보다 실천을 앞세우는 것이 군자로써 할 일인바 실천이 뒤따르지 않고 말만 앞세우며 허세를 부리는 사람들의 바르지 못함을 지적하는 뜻에서 하는 말이라 하겠다.

예나 지금이나 사람들이 말을 함부로 하지 않는 이유가 그 말에 걸 맞는 실천이 따르지 못하는 것을 부끄럽게 생각하거나 그 말의 실천에 확신이 없기 때문이었으리라 생각된다.

그야말로 신중한 생각과 신뢰할 수 있는 언행이 바람직한 인간상의 표본이라 할 수 있겠으나 그러기 위해서는 자기 스스로 심신을 닦으며 많은 인내와 절제가 뒤따라야 할 것이다.

누구에게나 말이란 한번하고 나면 다시 주어 담을 수 없기 때문에 그 말로 인하여 파생될 수 있는 제반사항이나 실천가능여부를 깊이 생각하지 않고 순간적인 기분이나 즉흥적인 감정으로 내뱉었다가는 돌이킬 수 없는 후회가 뒤따르게 되기 마련이다.

81

仁者不憂 知者不惑 勇者不懼
인 자 불 우   기 자 불 혹   용 자 불 구

어진 사람은 근심하지 않고

지혜로운 사람은 미혹되어

갈팡질팡하지 않으며 용기 있는 사람은

두려워하지 않는다

〈헌문편〉

仁(어질 인, 사랑할 인) 者(사람 자, 것 자) 不(아니 불, 아닌가 부)
憂(근심 우, 근심할 우) 知(알 지, 알릴 지) 惑(미혹할 혹)
勇(날랠 용, 용감할 용) 懼(두려워할 구, 두려움 구)

공자의 제자인 자공의 말에 의하면 스승인 공자께서는 사람은 그와 같이 어질고 지혜롭고 씩씩한 의기를 가져야 하는데 자신은 그러지가 못하다는 뜻에서의 겸손한 마음을 나타내고자한 말이었다고 전해진다.

　사실 겸손한 마음이나 잘난 체하면서 거들먹거리지 않는 얌전한 태도는 동양사상에서 빼놓을 수 없는 덕목이라고 볼 수 있을 것이다.
　인간은 태어날 때부터 전지전능한 완전함을 갖고 있지 못하기 때문에 어딘가 한편으로는 늘 부족함을 느낄 수 있기 마련이다.
　그러한 자기 자신을 제대로 알고 파악하여 지나친 자만심으로 남들 앞에 나서려 하지 않고 항상 겸손하고 삼가는 생활 자세를 지킨다는 것은 바람직한 삶의 미덕이라 해도 지나치지 않을 것이라 생각된다.
　이 세상은 각종 비리에 의한 혼란과 지나친 생존경쟁 및 불확실한 미래에서 오는 불안스러운 일들이 계속 일어나고 있으므로 그 속에서 생활하고 있는 한 우리 인간들은 근심과 걱정에서 벗어날 수가 없는 일이다.

4장

치유와 희망에 대한 위로의 말

82

古之學者爲己 今之學者爲人
고 지 학 자 위 기　금 지 학 자 위 인

옛날에는 자신의 수양을

목적으로 공부를 했으나

지금은 세상의 평판에 의한

명예를 얻기 위해 공부한다

〈헌문편〉

古(예 고, 선조 고) 之(갈지, 어조사 지) 學(배울 학, 학문 학)
者(사람 자, 것 자) 爲(할 위, 배울 위) 己(몸 기) 今(이제 금, 곧 금)
人(사람 인, 남 인)

옛날에는 오로지 자기 자신의 수양을 목적으로 공부를 했으나 지금은 수양보다 세상의 평판에 의한 명예를 얻기 위해 공부한다는 뜻으로 이해 할 수 있겠다.

그러니까 예나 지금이나 공부를 한다는 것은 많은 시간과 노력이 수반되는 고통스러운 일인데 그 어려움을 무릅쓰고 공부를 하는 것은 과연 누구를 이롭게하기 위한 일이냐를 따지는 맥락이라 하겠다.

물론 자신의 수양이 높아지고 지식이 풍부해지면 자연히 개인적 명성이나 사회적 직위가 따라오기 마련이지만 처음부터 자기 자신의 신분상승이나 사회적 명예를 목적에 두고 학문에 임하는 시대적 변화를 지적하는 뜻으로 볼 수도 있을 것이다.

여기서 새삼스럽게 느껴지는 것은 2500년전의 공자 시대에도 옛날과 지금을 비교했다는 사실이 역사의 유구함과 쉬지 않고 흐르며 변화되어가는 세월의 무상함을 무심히 지나칠 수가 없다는 사실이다. 요즘 시대의 학문과 학습 대부분은 내 자신의 수양이나 지식함양보다는 경쟁에서 앞서기 위하여 시간과 노력 등을 투자하는 과정이라고 해도 지나치지 않을 정도의 현실을 부정하기 어렵다고 볼 수 있을 것이다.

83

何以報德 以直報怨 以德報德
하 이 보 덕   이 직 보 원   이 덕 보 덕

덕은 무엇으로 보답하여야 하나?
바르고 공정함으로 원망스러움을 갚고
덕으로써 덕을 갚아야 한다

〈헌문편〉

何(어찌 하, 무엇 하) **以**(써 이, 쓸 이) **報**(갚을 보, 알릴 보) **德**(덕 덕, 덕베풀 덕) **直**(곧을 직, 바로잡을 직) **怨**(원망할 원, 원한 원)

무엇으로 덕에 대한 보답을 해야 되느냐라는 물음에 대하여 공자가 대답한 말이다. 원망을 원수로 삼지 아니하고 덕에 의한 고마움을 은혜로 갚을 수 있다면 바르고 공정한 원칙을 지킬 수 있다는 뜻으로 이해할 수 있다.

 물론 성경과 같은 종교적 입장에서는 원수를 사랑하고 한쪽 뺨을 때리거든 다른 쪽 뺨도 내 놓으라는 무조건적 희생이나 무한한 사랑을 강조한다. 하지만 공자는 현실적인 인류사회에 한 발짝 다가서서 보다 정의롭고도 공평한 원칙에서의 기준에 따르도록 한 것으로 보아야 할 것이다. 원한이 있더라도 무조건 원망하거나 원수로만 생각하지 않고 공평하고도 정당한 원칙을 가지고 대처해야 한다는 말이 되겠다.

 사람은 누구나 잘못이 있을 수 있으니 사사로운 감정이나 원한을 품고 처리하지 말고 잘못이 있으면 그 잘못에 대하여 모든 사람이 승복할 수 있는 공명정대한 원칙과 기준을 갖고 대처함으로써 공평하고 정의로운 사회질서 확립에 기여할 수 있도록 하여야 한다는 뜻이 담겨 있다고 보아야 하겠다.

84

己所不欲 勿施於人
기 소 불 욕   물 시 어 인

자기가 원하지 않는 일은

남에게도 시키지 말라

〈위령공편〉

己(몸 기, 사사 기) 所(바 소, 곳 소) 不(아니 불, 아닌가 부)
勿(없을 물, 말 물) 施(베풀 시, 전할 시) 於(어조사 어) 人(사람 인)

'자기가 원하지 않는 일은 다른 사람도 역시 하고 싶지 않을 것이니 남에게 시키지 말라'는 뜻이다. 다른 사람의 잘못을 꾸짖거나 벌하지 않고 덮어주는데 사용하는 용서(容恕)라는 말의 서(恕)자는 사람의 마음(心)이 서로 같다(如)라고 풀이되는 한문 글자이다.

그러고 보면 용서란 단순히 참는 것만이 아니고 내 마음에 견주며 상대의 마음을 알아보는 것으로 내가 싫은 일은 남이 해주기를 바라는 마음도 결코 어진(仁) 생각이라 할 수 없을 것이다. 그러나 대부분의 사람들이 내 마음에 내키지 않거나 하기 싫은 일을 남에게 베풀며 옳은 일이라거나 보상이 따르는 일이라거니 하면서 하기 싫거나 힘이 들더라도 억지로 하도록 하여 좋은 결과를 얻게 된다면 그 자체를 베푼다고 생각하는 경우가 많다고 본다. 그러니까 '기소불욕 물시어인'은 상대방을 먼저 이해하고 용서하는 마음가짐에서부터 시작한다고 할 수 있는 말이다.

여기에서 역발상적으로 우리의 일상생활에서 자주 쓰는 말로 '솔선수범'이라는 말이 떠오른다. 사전적인 풀이로는 남보다 앞장서 하여 다른 사람들의 모범이 된다는 말이겠지만 솔선수범 하는 데는 결코 하기 쉽거나 좋은 일을 염두에 두고 나오는 말은 아닐 것이다.

85

過而不改 是謂過矣
과 이 불 개　시 위 과 의

누구나 실수는 한다

실수를 한 다음

바로 잡으려 하지 않는 것이

진짜 실수하는 것이다

〈위령공편〉

過(지날 과, 지날칠 과) 而(말이을 이) 不(아니 불, 아닌가 부)
改(고칠 개, 고쳐질 개) 是(이 시, 옳을 시) 謂(이를 위, 까닭 위)
矣(어조사 의)

"누구나 실수하지 않는 사람은 없다. 실수를 한 다음에 고쳐서 바로 잡으려고 하지 않는 것이 진짜 실수하는 것이다"로 풀이된다.

일반적으로 내가 지나쳤다는 사실을 인정하는 것은 앞으로 다른 사람이 내 말을 신뢰할 가능성이 낮아진다고 생각하는 경향이 있다. 우리 모두가 생활하면서 지나친 짓을 할 수 있지만 그 지나침을 고치려하기 보다는 그 상태를 오히려 정당하다고 우기려하는 사람들 때문에 사회가 혼란해지고 정의가 바로 세워지지 않는다고 본다.

태어날 때부터 완전하지 못한 것이 바로 우리 인간이다. 완전하지 못하다는 것은 부족하고 미흡하고 크고 작은 결점을 갖고 있어서 언제나 과오를 저지를 수 있다는 얘기가 된다.

문제는 잘못을 저지른 뒤에 무엇을 생각하며 어떻게 행동하느냐에 따라서 그 사람의 인생이 달라질 수 있다는 점이다. 더욱이 잘못의 원인을 자기 자신에서 찾으려하지 않고 변명으로 일관하거나 외부로만 돌리려고 한다면 그 잘못된 문제의 심각성은 더욱 커지게 마련이다.

86

人無遠慮, 必有近憂

인 무 원 려   필 요 근 우

사람이 먼 앞날을 생각하며

헤아리지 않으면 반드시

가까운 곳에 근심되며

걱정스러운 일이 생긴다

〈위령공편〉

人(사람 인) 無(없을 무) 遠(멀 원) 慮(생각할 려) 必(반드시 필) 有(있을 유) 近(가까울 근) 憂(근심 우)

사람이 멀리 볼 수 있다는 것은 크게 생각하면 역사적인 시각을 갖고 미래를 예측하는 마음을 갖는다는 뜻으로 해석할 수도 있겠다.

물론 공자께서는 멀고 긴 안목으로 도(道)에 뜻을 두면서 바르고 정의로운 길을 찾는 방안을 모색하는 것이 군자의 길이므로 가까운 눈앞의 걱정거리에 매달려 연연하지 않고 대의명분에 맞는 큰 길을 찾는다면 하늘도 나를 알고 사람들도 나를 알아주는 때가 있을 것이라는 큰 의미에서 한 말이라 생각된다.

공자와 같은 시대의 또 다른 학자 장자도 사람이 가까이에 있는 작은 두려움에는 깜짝 놀라면서 멀리서 밀려오는 큰 두려움은 오히려 대수롭지 않게 여기는 경향이 있다고 했다는데 멀리보고 헤아리는 것은 인생의 근본적인 문제를 해결하기 위한 노력을 게을리하지 않는다는 뜻으로 풀이 될 수 있다고 본다.

실제로 우리가 세상을 살아 가는데는 누구나 걱정과 근심이 따르기 마련이고 그 걱정과 근심거리를 하나하나 해결하는 것이 바로 우리 인간의 생활이고 삶이라 할 수 있을 것이다.

87

言忠信 行篤敬

언 충 신   행 독 경

말은 진정성을 갖고 듣는 사람이

믿고 신뢰할 수 있도록 하고

행동은 성실하고 공손하게 하여야 한다

〈위령공편〉

言(말씀 언, 말할 언) 忠(충성 충, 정성 충) 信(믿을 신, 미쁠 신) 行(다닐 행, 행할 행) 篤(도타울 독, 두터이할 독) 敬(공경 경, 삼갈 경)

참되고 믿을 만한 말과 바르고 정성스러운 행동을 말한다. 속에 있는 사람의 마음을 밖으로 표출하여 나타낼 수 있는 것이 말과 행동이라고 본다면 말과 행동은 사람과 사람의 관계를 연결 짓는 가장 중요한 역할을 갖고 있다고 할 수 있다.

말하는데 진실하고 솔직한 마음을 갖지 않고 단순하게 상대방의 표정을 살피면서 비위나 맞추려고 듣기 좋은 말이나 한다면 누구나 우선 듣기는 좋을지 몰라도 그렇게 말하는 사람에 대하여 결코 신뢰가 가지 않을 것이다.

행동 또한 분명하고 진지하지 못해 공손한 느낌을 들게 하지 않는다면 가깝게는 친구나 이웃에서부터 나아가 사회 모든 사람들한테 신뢰하고 믿을 만한 사람이란 소리를 듣지 못할 것이다.

말이 참되고 진실하다는 것은 사사로운 욕심에 가려지지 않는 순수한 속마음임이 증명되는 것이고 행동이 성실하면서도 분명하고 공손하다는 것은 자기의 행동에 순수한 마음과 정성을 기울여 집중하는 조심스러움과 상대방을 존중하려는 자세가 표현되어 나타나는 것이라 할 수 있을 것이다.

88

小不忍 則亂大謀
소 불 인 즉 난 대 모

작은 일이라고 참지 못하거나

무시하고 그냥 지나치면

큰 계획도 어지럽히게 되거나

그르치게 된다

〈위령공편〉

小(작을 소, 조금 소) **不**(아니 불, 아닌가 부) **忍**(참을 인) **則**(곧 즉, 법칙 칙) **亂**(어지러울 난) **大**(클 대, 크기 대) **謀**(꾀할 모, 꾀 모)

비록 사소하고 대수롭지 않게 여겨지는 일에 의해 자신의 기본적인 감정이 지배당하면 막상 큰 일이 닥쳤을 때도 제대로 대처하고 이끌어 갈 수 없다는 뜻으로 보아야 할 것이다.

우리는 작은 일을 참아가며 신중하게 처리하지 못해서 큰일을 그르치는 경우를 몸소 경험하거나 주변에서 쉽게 보고 느끼게 된다.

뿐만 아니라 대소 간의 어떤 일 이던 실패의 원인을 추적해보면 처음의 사소한 부주의나 실수에서 시작되었음을 깨닫는 경우가 흔히 있다고 할 수 있겠다.

심리학자들의 말에 의하면 사람은 누구나 화가 치밀 때 생기는 공격적 감정을 경계해야지 분노의 기분을 제대로 제어하지 못하면 결국 큰 일(大事)을 망치게 된다고 한다. 어떠한 참기 힘든 일이나 어려운 일이라도 최종적인 목표가 되는 큰일을 이루기 위해서는 반드시 참고 견디어야 한다는 교훈적인 말로 받아들여야 할 것이다.

사람은 누구나 기쁨만을 누리기 위해 슬픔과 고통을 피해가며 결과적인 성공의 보람만을 느끼고 그 과정의 어려움을 모르고 살아갈 수는 없으며 또한 그렇게 사는 것이 인간다운 삶의 방식이라고 할 수도 없을 것이다.

89

不曰如之何如之何者
吾末如之何也已矣

불 왈 여 지 하 여 지 하 자
오 말 여 지 하 야 이 의

의문스러운 마음으로

깊이 고민하지 않은 사람은

나(공자) 또한 어찌할 수가 없다

〈위령공편〉

不(아니 불) **曰**(가로되 왈) **如**(같을 여) **之**(어조사 지) **何**(어찌 하)
者(사람 자) **吾**(나 오) **末**(없을 말, 끝 말) **已**(버릴 이, 그칠 이)
矣(어조사 의)

어떻게 할까? 이 일을 어찌하면 좋을까? 하는 의문스러운 마음으로 깊이 고민하지 않은 사람은 나(공자)도 또한 어찌할 수가 없다는 뜻으로 풀이되는 말이다.

일반적으로 여지하(如之何)라는 말은 어찌하면 좋을까라는 뜻으로 풀이되는 말이다.

누구나 이 세상을 살다보면 힘에 부치고 어려운 일을 만나는 경우가 있기 마련이다. 그럴때마다 막힌 문제를 풀고 난관을 헤쳐 나가기 위하여 스스로 고민하는 자발적인 노력과 의지가 없는 사람은 부모나 스승과 같은 다른 사람의 도움만 갖고는 해결되기가 어려운 구제불능 상태를 지적하는 말이라고도 볼 수 있겠다.

스스로 생각하기 때문에 내가 있다는 문제의식을 갖고 사색하며 고민하기 때문에 질문을 할 수 있고 질문 자체가 나를 알게 되고 문제해결의 실마리가 될 것이다. 따라서 어찌할 바를 모르면서도 질문하지 않고 잠자코 있다는 것은 진정 알려고 하는 노력이나 문제해결의 의지가 없는 사람으로 공자와 같은 성인이라도 어찌할 수가 없었을 것이다.

90

躬自厚而薄責於人 則遠怨矣
궁 자 후 이 박 책 어 인   즉 원 원 의

―◦◦◦◦―

자신의 잘못은 엄중하게 책임을 묻고
다른 사람의 잘못은 가볍게 처리한다면
남들의 원망 듣는 일을 멀리할 수 있다

〈위령공편〉

躬(몸소 궁) **自**(스스로 자) **厚**(두터울 후) **薄**(가벼울 박)
責(꾸짖을 책) **於**(어조사 어) **則**(곧 즉) **遠**(멀리할 원)
怨(원망할 원) **矣**(어조사 의)

자기 자신의 잘못은 엄중하게 책임을 묻고 다른 사람의 잘못은 가볍게 처리한다면 남들의 원망을 듣는 일을 멀리할 수 있다는 말이다.

대체적으로 사람들은 어떤 일이 잘못되어 책임 소재와 그 잘못된 원인을 찾는데 자기 자신에게는 관대하고 다른 사람에게 엄하게 책임을 돌리려는 경향이 있다.

그러니 남 탓하기 전에 내 자신이 미처 생각하지 못했거나 부주의가 있지 않았나하는 스스로의 성찰을 먼저하며 상대방의 입장에서 헤아려 볼 수 있는 생활 자세를 갖는다면 사회생활에서의 인간관계는 훨씬 좋아질 뿐 아니라 내 자신의 인품도 한층 더 돋보이게 될 것이라는 평범한 사실을 새롭게 해주는 뜻으로 이해 할 수 있겠다.

그러나 그와 같이 매우 상식적인 진실마저 실천하기가 쉽지 않아 우리는 "잘되면 내 탓이고 잘못되면 조상 탓"이라는 말이 일상화 될 정도로 잘못되는 일에 대하여 남 탓하기가 급급할 정도로 자기의 잘못을 인정하기가 인색한 실정임은 모두가 부끄럽게 생각할 일이라 하겠다.

91

殺身成仁

살 신 성 인

죽는 한이 있더라도
목숨을 다 바쳐 어질고
착한 인을 실천하겠다

〈위령공편〉

殺(죽일 살) **身**(몸 신) **成**(이룰 성) **仁**(어질 인)

여기서 말하는 인(仁)은 이 세상 모든 사람들 사이의 증오나 반목과 같은 적대감을 없애고 공동선을 통해 사랑과 평화를 구축하는 가치 정도로 이해하여야 되지 않을까 하는 생각을 해 본다.

사람이 목숨보다 더 중요한 가치를 갖고 산다는 것은 매우 어려우면서도 대견하고 장부다운 삶이라는 사실을 부정하는 사람은 없을 것이다.

그처럼 사람은 누구나 자신의 목숨을 다른 어떤 것과 비교할 수 없을 정도로 소중하고 고귀한 가치로 여긴다. 하지만 위기와 위기가 중첩되면서 더 이상 견딜 수 없는 순간이 닥치게 되면 그 위기를 피해서 떠넘기든 아니면 그 위기와 맞닥뜨리던 어떤 결단을 하게 된다.

이때 생명의 고귀한 가치를 포기하고 세상 모두가 누릴 수 있는 공동선을 위한 평화와 사랑을 선택한다면 그것이 바로 공자가 말하는 살신성인이 되는 일이라 하겠다.

92

益者三友 損者三友 友直
友諒 友多聞 益矣 友便辟
友善柔 友便佞 損矣

익자삼우 손자삼우 우직
우량 우다문 익의 우편벽
우선유 우편녕 손의

정직하고 의리 있고 박학다식한 친구

듣기 좋은 말로 아첨만 잘하는 친구

〈계씨편〉

益(이로울 익) 者(사람 자) 友(벗할 우) 損(잃을 손) 直(곧을 직)
諒(성실할 량) 多(많을 다) 聞(들을 문) 矣(어조사 의) 便(아첨 편)
辟(간사할 벽) 善(착할 선) 柔(부드러울 유) 佞(말재주 녕)

친구를 사귐에 있어 나한테 "유익하고 도움이 되는 친구가 셋이고 손해를 끼칠 수 있는 좋지 않은 친구가 셋이 있으니 정직하고 의리가 있으며 성실하면서도 박학다식한 친구는 나한테 도움이 되고 번지르르하게 말만 잘하고 간사하며 듣기 좋은 말로 아첨을 잘 하는 사람이나 말만 앞세우고 겉으로 표정만 부드럽게 하면서도 성실성이나 믿음이 없는 사람은 내게 손해를 끼치는 사람이다."라고 풀이되는 문장이라 하겠다.

우리가 흔히 인간은 사회적 동물이라고 하듯이 어차피 서로 간에 관계를 맺고 교제를 해가며 살아가는 것이 바로 인간의 삶이라고 본다. 그렇다면 그 삶의 과정을 보다 원만하고 활력있게 하기 위해서는 좋은 만남에 의한 상호간에 이해와 협조가 필수적인 작용과 요소가 된다는 사실은 누구도 부인할 수 없는 일이라 하겠다.

그러나 겉으로 나타나는 우리의 현실은 그렇게 긍정적으로 유지되지만은 않아서 오래된 친구나 믿고 지내던 이웃 등에 의해 예상외의 배신과 질시 및 사기 등으로 의외의 실망과 사회적 혼란의 고통을 겪는 일이 멈추지 않고 있는 실정이라 하겠다.

93

君子有三戒 戒之在色
戒之在鬪 戒之在得

군 자 유 삼 계　계 지 재 색
계 지 재 투　계 지 재 득

군자가 조심해야 할 세 가지

〈계씨편〉

君(임금 군, 부모 군) **子**(사람 자, 씨 자) **有**(있을 유, 가질 유)
戒(경계할 계, 재계할 계) **在**(있을 재, 살필 재) **色**(빛 색, 낯 색)
鬪(싸움 투, 다툴 투) **得**(얻을 득, 탐할 득)

군자는 세 가지를 조심하고 경계하여야 할 것인바 정욕(情慾)을 조심하고 싸움과 같이 다투는 일을 조심하고 권세나 재물 등 지나친 욕심을 경계하고 조심하여야 한다는 말이다.

여기에는 빠졌지만 공자께서 얘기한 당초의 본문에는 혈기가 안정되지 못한 젊을 때와 장성하여 혈기가 왕성한 때 및 이미 늙음에 미쳐 혈기가 쇠락하였을 때와 각각 연결시켜 지어진 문장임을 유의하여야 할 것이다.

여기서 군자라 함은 알기 쉽게 학식이 높고 언행이 정의로움에서 벗어나지 않는 건전 성실한 인격을 갖춘 사람으로 그리고 혈기란 형체와 의지정도로 이해하면 좋을 것 같다는 생각을 해본다.

그 당시 공자의 생각을 비롯한 유학(儒學)사상은 왕과 같은 지배자의 위치에 있거나 청소년보다 어른과 남자 위주의 이념이 강했기 때문에 여기에서도 남자로 상징되는 군자를 지칭해서 얘기했지만 실제로는 남녀모두가 살아가면서 경계하고 삼가야 할 사항이라 하겠다.

94

生而知之者上也
學而知之者次也
困而學之又其次也
困而不學民斯爲下矣

생 이 지 지 자 상 야
학 이 지 지 자 차 야
곤 이 학 지 우 기 차 야
곤 이 불 학 민 사 위 하 의

최상급부터 최하급까지 네 단계 사람에 대해

〈계씨편〉

生(날 생, 살 생) 而(말이을 이) 知(알 지, 앎 지) 之(갈 지, 이를 지)
者(사람 자) 上(웃 상) 也(어조사 야) 學(배울 학) 次(버금 차)
困(곤할 곤) 又(또 우, 또할 우) 不(아니 불) 民(백성 민)
斯(이 사, 어조사 사) 爲(할 위)

태어날 때부터 세상의 이치를 깨달아 알고 있는 사람은 최상급이며, 배우고 익히는 노력을 거쳐서 도리를 깨닫는 사람은 그 다음 급에 속하고, 처음에는 공부하겠다는 생각이 없다가 곤경스러움을 겪고 배우겠다는 마음을 굳힌 사람은 그 다음 급에 속하지만, 힘들고 어려운 지경을 거치면서도 배우고 익히려는 노력을 하지 않는 사람은 맨 아래층에 속한다는 뜻의 문장이다.

태어나면서 아는 사람 소위 우리가 성인 이라고 존칭하는 사람, 그다음 배움이라는 노력의 과정을 거친 사람 그리고 힘들고 어려운 곤경에서 그 난관을 극복하기 위해 비록 늦게라고 공부를 하는 사람과 어려움에 처해서도 아예 배울 생각이 없는 사람의 네 단계로 구분해서 이르는 말이라 하겠다.

아마도 인간의 가치는 얼마나 열심히 노력하며 배우고자 하는데 따라 결정된다고 할 수 있겠지만 결국 깨달아 앎에 이른다는 점에서는 모두 같다고 볼 수도 있겠다.

제각기 사람마다 타고난 성품이나 지적인 능력에 차이가 있을 수 있겠으나 배우고 노력하는 어려운 과정을 거쳐야 세상의 이치와 삶의 슬기를 알게 된다는 사실은 크게 다른 것이 있을 수 없다는 말이 되겠다.

95

惡勇而 無禮者
오 용 이 무 례 자

용감하지만 겸손함이 없고
예의를 모르는 사람은 미워한다

〈양화편〉

惡(모질 악, 미워할 오) 勇(용감할 용) 無(없을 무) 禮(예 례)

이 말은 제자 자공과의 대화에서 나오는 말인데 누구나 아는 척하며 잘 난체나 하고 무례하거나 교양없이 오만하게 행동하는 소위 척 하는 사람들을 비롯해 남의 약점이나 들추어내며 헐뜯는 일을 일삼고 겉으로는 과감한 척하면서도 속은 꽉 막힌 자들은 공자와 같은 군자라 할지라도 미워하는 마음이 생길 수밖에 없다는 말이다.

아마도 공자께서는 용감하면서도 위아래를 가리지 못하고 예의가 없으면 궁극적으로 배신이나 반란을 일이킬 수도 있을 것이라는 생각에서 이와 같은 말을 하였을 것이라는 견해도 있다.

실제로 우리 같은 보통 사람들이 일반적인 사회생활을 함에 있어서도 유별나게 잘난 척하며 거드름을 피우거나 주변을 의식하지 않고 자기주장만 앞세우려 하는 사람들 때문에 눈살을 찌푸리고 전체적인 분위기를 흐려놓는 경우를 흔히 볼 수 있는 일이다.

옛부터 칼을 잘 쓰는 검객일수록 칼을 무서워한다는 말이 있듯이 힘이 강하고 용맹한 사람일수록 겸손하고 예의 바르게 처신함으로써 실질적으로 자신의 용맹한 진가를 높일 수 있을 것이다.

96

割鷄焉用牛刀

할 계 언 용 우 도

닭을 잡는 데 소 잡는
큰 칼까지 쓸 필요는 없다

〈양화편〉

割(가를 할, 해칠 할) **鷄**(닭 계) **焉**(어찌 언, 어조사 언)
用(쓸 용, 씀씀이 용) **牛**(소 우, 별이름 우) **刀**(칼 도, 돈이름 도)

작은 일을 처리하는데 지나치게 큰 수단까지 과용할 필요가 없음을 이르는 말이다. 공자의 제자인 자유(子游)와 나눈 대화에 나오는 말인데 자유가 무성(茂城)이라는 작은 고을을 다스림에 있어 어찌 큰 나라를 다스리는 데나 필요한 수준의 격식이나 수단까지 다 갖출 필요가 있겠느냐는 뜻으로 한 말이다.

그러나 어떠한 일이든 최선을 다해야 한다는 평소의 생각에 미치지 못하는 말임을 느끼고 내가 방금한 말은 농담이었다고 한발 물러서는 공자의 진솔함을 느낄 수 있게 한 문장이라고 전해온다.

이 말이 원래는 작은 일에도 최선을 다하는 모습을 칭찬하는 의미로 쓰였으나 요즘은 작은 일을 처리하는 데 지나치게 큰 수단까지는 필요하지 않다는 뜻으로 사용되고 있다는 견해가 일반적이라 할 수 있을 것이다.

누구나 모든 사람이 제 각기 다른 개성과 자기 신분에 맞는 역량이라 할 수 있는 분수를 지키겠다고 한다면 자기 나름대로의 능력과 분수에 맞는 삶을 염두에 두고 생활하여야 할 것이다. 그러나 현실은 그렇지가 못해 각종 혼란과 갈등이 멈추지 않는 혼탁한 사회가 계속되고 있다고 할 것이다.

97

性相近 習相遠
성 상 근   습 상 원

사람의 타고난 본성은 비슷하지만

배우고 익혀지는 습관에 따라

각자의 삶이 크게 달라진다

〈양황편〉

性(성품 성, 마음 성) **相**(서로 상, 바탕 상) **近**(가까울 근, 가까이할 근) **習**(익힐 습, 버릇 습) **相**(멀 원, 멀어질 원)

사람이 처음부터 타고난 본성은 누구나 비슷하지만 자라면서 배우고 익혀지는 습관에 따라 각자의 삶이 크게 달라진다는 말이다. 선천적인 본성 못지않게 자라나는 환경이나 배우고 익히면서 마음과 인격을 닦고 가꾸는 일의 중요함을 강조하는 뜻으로 해석된다. 그러니까 사람으로서의 출발점에서 갖는 선천적인 여건은 큰 차이가 없으나 태어난 이후로 느끼고 겪어야하는 제반 환경 때문에 공자가 생각하는 소위 군자와 소인이 구분될 수 있다는 말이라고 이해할 수 있을 것이다. 그렇기 때문에 자식에게 좋은 환경을 마련해주려고 세 번씩이나 이사를 다녔다는 맹모삼천지교(孟母三遷之敎)라는 말이 전해오고 요즘도 소위 강남학군이나 주민등록위장전출입 등으로 변질된 자녀들의 과잉 교육열이 사라지지 않는다는 생각도 해본다. 2500년 전인 공자의 시대나 인공지능(AI)이 우리의 삶을 지배하고자하는 요즘이나 사람의 본성은 하늘로부터 부여받는 것이기 때문에 자연의 섭리에 따라 순수하게 살아가도록 되어졌지만 태어난 이후의 우리마음에 쌓이는 욕심에 의한 잘못된 습관으로 타고난 순수하고 정의로운 성품이 억눌리는 상태로 인간생존 방식을 왜곡시키고 있음이 안타까운 일이라 하겠다.

98

古之愚也直 今之愚也詐而已矣
고 지 우 야 직 금 지 우 야 사 이 이 의

옛날에 어리석다고 하는 사람은

고지식하면서도 정직하기라도 하였는데

요즘의 어리석은 사람들은

남들을 속이려고만 한다

〈양화편〉

古(예 고) 之(갈 지) 愚(어리석을 우) 也(어조사 야) 直(곧을 직)
今(이제 금) 詐(속일 사) 而(말이을 이) 已(이미 이) 矣(어조사 의)

여기에서 말하는 옛날은 문화가 찬란하고 백성들 삶이 편안했다고 전해지는 요순(堯舜)시대이고 지금이라고 할 수 있는 요즘도 바로 공자가 살았던 2500여년전의 춘추시대를 지칭하는 것으로 이해하여야 할 것이다.

우리가 상상하기조차 어렵게 까마득한 2500여년전의 어리석다는 사람들이 정직하지 못하고 남을 속이려 할 뿐이라고 공자가 걱정할 정도로 양심적이지 못한 사회였다면 어리석지 않고 약삭빠르고 재주와 꾀를 많이 부린다는 사람들은 어떻게 했을까하는 의아심을 품을 만도하다.

물론 소위 공자의 시대라고 일컬어지는 춘추전국시대는 각 제후국들이 힘을 바탕으로 경쟁하고 대립하며 전쟁이 일상화된 혼란의 시대였다고 하지만 과연 우리가 살고 있는 오늘날의 실상은 어떠한가 하는 생각을 해보지 않을 수가 없다.

문명이 발전할수록 폭력이나 불평등 같은 무자비한 일들이 만연되고 맹목적인 경제 성장의 추구와 경쟁적 사회관계의 심화로 집단 갈등이 고조되는가 하면 집단 따돌림이나 사이버 폭력 등이 새롭게 등장하여 우리

시대의 근심으로 대두되고 있는 현실을 누구도 부인할 수 없는 일이라 하겠다.

99

道聽而塗說 德之棄也
도 청 이 도 설 덕 지 기 야

길에서 들은 소문을

바로 옮기며 말해버리는 사람은

자기의 덕을 포기하는 사람이다

〈양화편〉

道(길 도, 도 도) 聽(들을 청) 而(어조사 이) 塗(길 도) 說(말씀 설)
德(덕 덕, 복 덕) 之(갈지) 棄(버릴 기)

근거나 출처가 확실치 않게 항간에 떠도는 말을 듣고 그 말의 내용이나 사실여부를 진지하게 생각하거나 알아보지도 않고 바로 남들에게 옮기며 떠들어 대는 사람을 비판하는 말이라 하겠다.

대체적으로 길거리에서 들은 이야기를 확실한 사실 여부의 확인 없이 바로 다른 사람들에게 무슨 좋은 소식이라도 전하는 것처럼 말하고 다니는 사람은 진실성이 의심되는 소위 말쟁이들의 얘기로 신빙성이 없기 마련이다.

더욱이 그와 같은 말쟁이들의 말을 듣고 그대로 또 다른 사람들에게 옮기는 사람들 또한 자신의 신뢰나 인격을 생각하지 않는 사람들로 밖에 볼 수 없게 된다.

예나 지금이나 근거가 불확실한 말은 왜곡된 여론으로 조성되어 개인이나 사회를 잘못된 방향으로 몰아가게 되기 마련이다.

공자께서도 허무맹랑한 말을 퍼트리며 존재감을 과시하려는 사람들에 대하여 스스로 소중한 인격을 포기하는 자로 보았던 것이다. 그러니 길에서 듣고 바로 말한다는 것은 자기의 덕을 버리는 것이라고 보았던 것이라 하겠다.

100

無求備於一人

무 구 비 어 일 인

한 사람에게 모든 재주를
다 갖추기를 기대하지 말라

〈미자편〉

無(없을 무, 아닐 무) **求**(구할 구, 탐낼 구) **備**(갖출 비, 채울 비)
於(어조사 어, 기댈 어) **一**(하나 일, 온통 일) **人**(사람 인, 남 인)

사람은 누구나 모든 재주를 다 겸비할 수는 없지만 각각 자기 나름대로 잘 할 수 있는 한두 가지의 소질은 갖기 마련이니 그 재질을 계발시키고 그에 따른 일을 맡기면 한 인간이 갖고 있는 재능을 최대한 발휘하여 개인적으로나 사회공동의 발전에 크게 기여할 수 있음을 뜻하는 말이라 하겠다. 원래 이 말은 주공(周公)이 자신의 아들에게 한말이라고 전해지는데 주공은 공자의 조국인 노(魯) 나라를 세운 사람으로 공자가 늘 존경하며 그가 실현한 정치를 되살리기 위해 평생 노력했을 정도로 훌륭하고 이상적인 인물이다. 그러한 주공이 사람들의 작은 실수까지 굳이 밝히며 시시비비를 가리려 하지 말고 아랫사람들이 완벽하게 모든 능력을 다 갖추고 있기를 기대하지 말라는 가르침이 있었다고 한다.

인간은 미완성의 존재로 이 세상에 태어났기 때문에 누구나 모든 재주와 능력과 인간으로써 갖추어야 할 모든 덕을 다 구비할 수가 없는 존재로써 소위 전지전능하다고 믿고 있는 신(神)과 구별된다고 보아야 할 것이다.

그러나 인간이기 때문에 살아가며 개인과 사회에 적응하며 발전 할 수 있는 나름대로의 재능과 소질을 갖고 계발하고 진화하게 되므로 모든 인권과 개인의 재능이 소홀히 취급되어서는 안 될 것이다.

101

君子之仕也, 行其義也
군 자 지 사 야   행 기 의 야

군자가 벼슬을 하려는 것은
옳다고 생각하는 대의를
실현하고자 함이다

〈미자편〉

君(임금 군, 스승 군) 子(아들 자, 남자 자) 之(어조사 지)
仕(벼슬 사) 行(다닐 행, 갈 행) 其(그 기, 어조사 기)
義(옳을 의, 의로울 의) 也(어조사 야)

'군자가 관직(官職)에 나아가 벼슬을 하려고 하는 것은 자기가 공부하고 배우면서 터득한 진리 즉 옳다고 생각하는 대의(大義)를 실현하고자 함이다'라고 풀이 되는 말이다.

자신이 배움을 위한 노력과 수련을 통해서 얻은 지식과 바른 정의를 실천에 옮김으로서 사회가 안정되고 모든 사람들이 편안한 삶 속에서 나라의 발전과 인류의 행복을 추구하는 것이 소위 지식과 인격이 갖추어진 선비들의 길이라고 공자는 역설하고 있다.

공자의 시대에도 지금과 같은 가족의 생계를 위하거나 자신의 출세와 명예를 위하여 벼슬길에 나가는 사람도 많이 있었기에 이와 같은 대의를 강조하였을 것이라는 생각이 든다.

세상이 어지럽고 사회가 혼란스러운 시국에서도 남들이야 어찌되든 관심 둘 것 없이 나 하나만 편안하고 호화스러움을 추구하는 사람들이야 예나 지금이나 있기 마련이니 굳이 들추어 문제 삼을 일도 아니라고 생각할 수도 있겠으나 미꾸라지 한 마리가 큰 강물을 흐린다는 말과 같이 그러한 사람들 때문에 사회질서가 무너지고 선량한 백성들의 올바른 정의가 흔들리게 된다는 사실을 간과해서는 안 될 것이다.

102

仕而優則學 學而優則仕
사 이 우 즉 학   학 이 우 즉 사

벼슬자리에 있는 사람일지라도

여유가 있으면 배워야하고

배우는 도중이라도 기회와 있다면

벼슬자리에 나갈 수 있다

〈자장편〉

仕(벼슬 사, 섬길 사) 而(말이을 이, 어조사 이) 優(넉넉할 우, 뛰어날 우) 則(곧 즉, 법칙 칙) 學(배울 학, 학문 학, 학교 학)

벼슬자리에 있는 사람일지라도 여유가 있으면 배워야하고 공부를 하며 배움의 도중에 있는 사람이라도 벼슬 할 수 있는 기회와 여력이 있다면 벼슬자리에 나갈 수 있다는 말이다. 여기서 벼슬을 한다는 것은 나랏일과 같이 자기 자신보다 남들을 위하여 일 할 수 있는 공적개념에 강한 직무를 수행하는 즉 자기가 배워서 얻은 지식과 정의를 펼침으로 인해 다른 사람에게 안녕과 행복을 느끼게 하는 일을 할 수 있는 위치와 자리라는 원론적인 생각에서 벗어나지 말아야겠다.

그와 같이 중요한 위치에서 막중한 직무를 수행하는 중에라도 틈만 있으면 배우고 더 많은 공부를 함으로써 국민들에게 양질의 봉사를 할 수 있는 자질을 키워나가야 한다는 말이 되겠다. 그래서 공자께서는 벼슬을 하고 있는 중에도 틈틈이 공부를 게을리하지 말아야 하고 또 비록 공부를 하는 중에라도 벼슬길에 올라 일하며 배우는 면학(勉學)의 자세를 말하였을 것으로 본다.

사람이 공부를 하는 목적은 배움으로 인해 새로운 것을 앎으로써 정서적 즐거움을 느끼거나 자신의 부족한 것을 보충하고 더 나아가 사회적 지위를 얻어 자기가 알고 있는 지식과 이치를 실현하는데 보람을 느끼는 등 다양할 수 있다고 본다.

103

小人之過也 必文
소 인 지 과 야　필 문

소인은 잘못을 순수하게

인정하려 하지 않고

그럴듯하게 변명하려고 한다

〈자장편〉

小(작을 소, 적을 소) **人**(사람 인, 남 인) **之**(갈 지, 어조사 지)
過(지날 과, 잘못할 과) **也**(어조사 야, 이를 야) **必**(반드시 필)
文(글월 문, 꾸밀 문)

소인은 어떠한 잘못을 하였을 때 그 잘못을 순수하게 인정하려 하지 않고 억지로 꾸미거나 그럴듯하게 변명하려고 한다는 뜻으로 풀이되는 말이다.

여기서 소인이라고 함은 정당하고 떳떳하지 못한 일을 하거나 허물이 있을 때 뉘우치며 고칠줄을 모르는 사람정도로 이해하면 되겠다.

또한 문(文)은 허물을 꾸미는 것으로 보아야 할테니 소인이 스스로가 저지른 잘못을 바로 잡으려 하지 않고 거짓등으로 속이기를 꺼리지 않음으로 인해 허물과 잘못을 되풀이 할 수 있게 된다는 사실을 강조하기 위한 뜻이 있음을 알 수 있겠다.

우리가 흔히 소인이라고 하는 사람들은 속이 좁고 제 앞가림도 제대로 못하며 어떤 문제라도 생기면 남 탓으로 돌리며 핑계를 찾으려 하는 사람 정도로 생각한다.

벼슬자리에 나가 자신이 실수하고 잘못을 해도 스스로 인정하면서 뉘우치려 하지 않고 변명하며 오히려 다른 사람에게 뒤짚어 쓰우려는 억지 주장을 하므로써 애매하게 선량한 사람들이 피해를 보게 되는 경우가 자주 있었기에 이와 같은 말이 나왔으리라고 본다.

104

博學而篤志 切問而近思 仁在其中

박학이독지 절문이근사
인재기중

공자의 학습법

〈자장편〉

博(넓을 박) 學(배울 학) 而(말이을 이) 篤(도타울 독) 志(뜻 지)
切(절박할 절) 問(물을 문) 近(가까울 근) 思(생각할 사) 仁(어질 인)
在(있을 재) 其(그 기) 中(가운데 중)

배우기를 넓게 하고 뜻하는 바를 돈독하고 성실히하며 모르는 것이 있으면 간절하고 절실하게 묻고 가까운 것에서부터 생각하면서 내가 원하고자 하는 바를 구한다면 어질고 너그러움이 그 가운데 있다는 말이다.

모르는 것을 절실하게 물어 알려고 하고 모든 문제를 내 주변의 가까운 것에서부터 생각하며 풀어나가려고 하는 것이 공자의 학습법이었다는 생각을 갖게 한다.

공자도 태어나면서부터 세상의 이치를 아는 자가 아니었고 후천적인 노력과 탐구로 지금과 같은 성인의 경지에 이를 정도로 배움의 소중함을 알고 평생토록 알고자 하는 노력에 최선을 다했던 학인(學人)이었음을 알 수 있겠다.

누구나 배움이 넓지 못하면 그 요약된 이치를 지키기가 어렵고 뜻이 독실하지 못하면 꾸준하게 힘써 행할 수 있는 용기를 잃기쉬우며 의문나는 일들을 간절하게 묻고 나와 가까운 일에서부터 생각하고 찾으려 하지 않으면 수고스럽기만하고 허황스러운 일에 빠지지 쉬울 것이다.

여기에서 절실하게 묻는다는 것은 어떻게 해서든 의문을 풀고 완전한 내 지식으로 만들려고 온 정성을 다해서 물어보는 탐구의 자세라 할 것이다.

105

大德不踰閑 小德出入可也
대덕불유한 소덕출입가야

큰 덕이 원칙을 지키며
법의 한계를 넘지 않는다면
작은 덕은 출입을
용납할 수도 있다

〈자장편〉

大(클 대, 크기 대) **德**(덕 덕, 복 덕) **不**(아니 불) **踰**(넘을 유, 뛸 유)
閑(막을 한, 법 한) **小**(작을 소, 적을 소) **出**(날 출, 나갈 출)
入(들 입, 들일 입) **可**(옳을 가, 들을 가) **也**(어조사 야)

이 말은 사람이 어떤 일을 함에 있어 큰 정도(正道)를 벗어나지 않는 범위내에서 상황에 따라서는 일시적인 임시방편으로의 작은도(常道)로 대응 될 수도 있음을 이르는 말이라 할 수 있겠다. 아마도 그물이 다소 성글더라도 벼리만 튼튼하면 고기를 잡을 수 있다는 말과 같은 뜻으로 이해해 볼 수 있겠다는 생각이 든다.

 사람이 작고 사소한 일에 너무 매달리다 보면 큰 문제를 풀고 해결하는데 지장이 있을 수 있어 정작 큰 성과를 거두기가 어려움을 걱정해서 나온 말이라 생각되는데 공자의 제자인 자하(子夏)가 한말로 기본적인 원칙이 확고한 전제하에 추진되는 과정에서의 일부 융통성을 용납할 수 있다는 뜻으로 보아야겠다.

 우리의 삶은 누구나 완전무결하게만 살아 갈 수 없고 사회적 현실 자체가 계속되는 변화와 대소의 간극으로 상황에 따른 변통이 요구되기 때문에 그에 적응할 수 있는 생활의 여유가 필수적이라 할 수 있겠다. 그러니 사소한 규정에 얽매어서 대의(大義)를 소홀히 해서는 안 될 것이니 현실적 규정에 맞지 않는 어려움은 대의에 어긋나지 않게 대처해가며 개인과 사회에 효율적이고 도움이 될 수 있도록 상황과 팩트에 맞게 변통할 수 있는 여유를 뜻하는 내용이라 하겠다.

106

苗而不秀者有矣 秀而不實者有矣
묘 이 불 수 자 유 의   수 이 불 실 자 유 의

싹이 나왔는데 꽃을

피우지 못하는 것이 있고

꽃까지 피웠음에도

열매를 맺지 못하는 경우도 있다

〈자한편〉

苗(묘 묘, 싹 묘) 而(어조사 이) 不(아니 불) 秀(팰 수, 이삭 수)
者(사람 자) 有(있을 유) 矣(어조사 의) 實(열매 실, 익을 실)

싹이 나왔는데 꽃을 피우지 못하는 것이 있는가 하면 꽃까지 피웠음에도 열매를 맺지 못하는 경우도 있다는 뜻이 담긴 문장이다.

모든 식물은 씨에서 싹이 돋아 잎이 나고 꽃을 피우면서 열매를 맺게 됨이 순수한 자연의 순서라 할 수 있을 것이다. 그런데 분명히 싹이 나왔는데 그 싹튼 묘(苗)가 순조롭게 자라지 못해 꽃을 피우지 못하는 것이 있는가하면 꽃까지는 제대로 피웠음에도 애석하게 열매를 맺거나 결실을 거두지 못하는 경우도 있을 수 있다.

문제는 싹에서부터 꽃과 열매를 열리는 외부(병충해, 기상관계 등) 제반 조건도 중요하지만 그 과정이나 절차 또한 조금도 소홀히 해서는 안 된다는 것이다. 이를 두 가지 측면에서 생각해 볼 수 있다. 하나는 그 과정에서 싹에서 꽃으로 다시 꽃에서 열매로 이어지는 노력과 강한 의지가 있어야 할 것이다. 그처럼 싹이 열매가 되어 결실을 보기까지 계속해서 노력하라는 교훈으로 삼아야 한다는 뜻이다. 둘째로는 내면적 의지나 노력이 아니라 저항할 수 없는 외부적 요인에 의해 피워보지도 못하고 시들어 버리는 것과 같은 안타까운 사실을 들 수 있을 것이다.

107

君子惠而不費 勞而不怨
欲而不貪 泰而不驕
威而不猛

군자혜이불비 로이불원
욕이불탐 태이불교
위이불맹

정사(政事)에 필요한 5가지 미덕(美德)

〈요왈편〉

惠(은혜 혜) 而(어조사 이) 不(아니 불) 費(쓸 비) 勞(수고할 로)
怨(원망할 원) 欲(하고자할 욕) 貪(탐할 탐) 泰(클 태) 驕(교만할 교)
威(위험 위) 猛(사나울 맹)

군자는 은혜를 베풀더라도 낭비하는 일이 없고 백성들에게 힘든 일을 시켜도 원망 듣는 일이 없으며 원하는 것이 있어도 지나치게 욕심을 부리지 않고 태연한 자세로 지내지만 다른 사람에게 교만스럽다는 인상을 주지 않으며 권위와 엄숙함을 지키면서도 난폭하거나 사납게 하지 아니 한다라도 풀이되는 문장이다.

　이 말은 제자인 자공이 정치를 하는데 필요한 자세를 공자께 물어본데 대하여 정사(政事)에 필요한 5가지 미덕과 4가지 악덕을 나누어 대답하는데 나오는 미덕(美德)을 나타내는 말이다. 여기에서 은혜를 베풀되 낭비하지 않는다는 말은 요즘 흔히 말하는 포퓰리즘과 같이 대중적 인기에 영합하는 선심성 정치 형태가 아니라 꼭 도움이 필요한 곳에 은혜를 베풀기 위한 낭비가 없어야 한다는 뜻으로 이해되어야 할 것이다. 또한 예나 지금이나 나라를 지키고 국가를 위한다는 미명으로 위정자의 치적(治積)을 위해 얼마나 많은 백성들의 피와 땀이 묻어나는 힘든 일들이 오늘날의 역사로 증명되는 수많은 전쟁이나 축성(築城) 및 궁궐조성등 역사(役事)에서의 원성(怨聲)을 결코 가볍게 여길 수 없는 일이다.

108

不知命 無以爲君子也
不知禮 無以立也
不知言 無以知人也

부 지 명   무 이 위 군 자 야
　부 지 예   무 이 립 야
　부 지 언   무 이 지 인 야

상대의 말 뜻을 정확히 모르면
그가 원하는 바를 알 수가 없다

〈요왈편〉

不(아닌가 부) **知**(알 지) **命**(목숨 명) **無**(없을 무) **以**(써 이)
爲(할 위) **禮**(예 례) **立**(설 립) **言**(말씀 언) **也**(어조사 야)

자기 나름대로의 자기 운명을 알지 못하면 이른바 지식과 인격을 갖추었다고 할 수 있는 군자가 될 수 없고 예의를 알지 못하면 자기가 옳고 바르다고 할 수 있는 자기의 소신을 내세울 수 없고 상대방이 말하는 뜻을 분명하게 파악하지 못하면 그 사람이 원하는 바를 제대로 알 수 없다는 뜻으로 풀이 되고 있다.

 사람이 누구나 공부를 하며 배우고자 노력하는 것은 자기 자신의 지혜를 함양함으로서 자기 나름대로의 삶의 길을 찾고 스스로의 분수를 지키며 공동사회에서 다른 사람들과의 인간관계를 원만하게 유지하는데 일차적인 목적이 있다고 하겠다.
 아울러 예의를 알고 지킴으로써 나로 인하여 타인에게 불편을 주거나 공동생활의 질서에 혼란을 끼치는 일이 없도록 하고 또한 나와 관계되는 사람들의 의도를 신속하고 정확하게 파악하여 대처할 수 있는 지혜를 얻기 위하여 어려서부터 많은 시간과 노력을 투자하는 것이라는 사실은 모두가 인정할 것이다.

● 참고문헌 (無順)

• 논어 人生論	안병욱 著	자유문학사 刊
• 논어 강독(講讀)	김기평 著	아세아문화사 刊
• 육경과 공자 인학	남상호 著	예문서원 刊
• 논어 학자들의 수다	김시천 著	더궤스트 刊
• 이기적 논어 읽기	김명근 著	개마고원 刊
• 공자, 인간의 길을 묻다	이우재 著	지식노마드 刊
• 공자처럼 학습하라	손기원 著	새로운 제안 刊
• 내 인생의 논어 그 사람 공자	이덕일 著	옥당 刊
• 주주 금석 논어	김도련 著	웅진씽크빅 刊
• 1일1강 논어 강독	박재희 著	김영사 刊
• 통으로 읽는 논어	김재용 著	이매진 刊
• 공자는 가난하지 않았다	리카이우 저	著 (박 영 인 옮 김) 글항아리 刊
• 논어의 숲 공자의 그늘	신정근 著	상신출판사 刊
• 공자의 인생강의	신정근 著	휴먼이스트 刊
• 마흔 공자를 읽어야 할 시간	신정근 著	21세기북스 刊
• 삶의 절벽에서 만난 스승 공자	이인우 著	책세상 刊